能力主義をケアでほぐす

竹端寛

晶文社

装画◉大野文彰

装丁◉岩瀬聡

はじめに

能力主義とケア、この二つは、僕にとっては大きなテーマになっています。でも、この二つを同時に扱うのは、容易なことではありません。

僕は大学教員として20年近く仕事をしています。偏差値や業績中心主義という「競争の荒波！」にもまれて、苦しみながらもそこでサバイブしてきたから、今の立ち位置にいる。それは否定しようのない事実です。その一方で、子育てをしている中で、その能力主義的価値前提に立つと、ケアを女性に押しつけ、弱肉強食的な論理で社会的弱者を排除する結果につながることを痛感しています。つまり、能力主義とケアとは、一見すると両立し得ないような、厄介な関係性にあるのです。

この二つの関係性についてモヤモヤと旧ツイッターで呟いていたら、２０２４年４月に晶文社の安藤さんから、「能力主義をケアで乗り越える」というテーマで単著を書いて欲しい、とご依頼を受けました。この依頼に嬉しく思いつつ、躊躇する自分がいました。その理由は二つ。一つは、能力主義とケアという厄介な関係性と、そのものとして立ち向かうには時間がかかりそうだ、と思ったこと。もう一つは、その直前に、別の書き下ろし本の企画をお引き受けしたところだったので、書き下ろしを二冊同時並行で展開するのはちょっと無理だなぁ、と感じたからです。

でも、晶文社の安藤さんと言えば、僕がずっと読み続けてきた内田樹先生のブログコンピレーション本を長年手がけてこられたベテラン編集者です。そして、僕自身も、内田先生の真似をして、大学教員になった2005年からずっとブログを続けてきました。さらに、そのブログでは「能力主義」や「ケア」に関する本を読んで、その本と対話しながら、自分の考えを書いてきました。

ということは、もしかしたらそのブログを元にした本なら、お引き受けできるかもしれない、と思い始めました。そこで、キーワードに関連するブログ記事をいくつかお送りしたところ、「ブログのアーティクルをもとにして、1本ずつブラッシュアップしていく形でお願いできますでしょうか」という正式な依頼があり、その後、僕のブログから22の原稿をピックアップして並べてくださったのが、本書の元原稿になります。それは大きく分けて、「能力主義批判」「ケア論」「家族・子育て」「学校、社会、制度」の四つに分類されるそうです。

ここから興味深い展開がはじまります。僕自身は、ブログを「備忘録代わりのメモ帳」

として使ってきました。読んで面白かった本を忘れないために、重要と感じたフレーズを書き写し、ついでにその本から僕自身が受け取ったことをメモ書きしておく。それがブログのコンセプトでした。読書メモなのでカテゴリー分けをすることもなく、その時々に出会った良書について、感動したこと・考えたこと・面白いと感じたことを、読んだ直後に抜き書きして対話的に言語化する習慣を蓄積していただけでした。

でも、ベテラン編集者の安藤さんに分類・整理頂くと、僕自身はこの四つの分類について、ここ10年くらいしつこく追い続けていることが、改めて理解出来ました。本文でも書いていますが、２０１７年に42歳で娘を授かって以来、それまで仕事人間だった僕は、「家族・子育て」にどっぷり向き合いはじめます。出張や講演もほぼキャンセルし、夫婦だけの慣れない子育てに必死になりながら、その合間に辛うじて読み進めてきたのは、それまで面倒くさそうだからと避けてきた「ケア論」でした。子育て当事者としてケア論を読むと、突き刺さることがありまくるのです。

僕自身が「仕事中毒」だったときには、生産性至上主義の塊で、業績を出すことに強迫観念的に縛られていた。そのことに自覚的になったのも、家事育児に明け暮れた一日が終わって、「今日は何も出来ていない！」とため息をついている自分に気づいた時期からでした。それほど、僕自身は業績を出すことや生産的なことしか「出来る」にカウントしていなかったのだ、と発見した際に、自らの中に能力主義信仰がしっかりと根付いていることに、気づきはじめました。そして、娘や妻とケア関係を結び、ケアの時間を大切にすればするほど、子どもが生まれる以前の、生産性至上主義だけではにっちもさっちも行かなくなってしまったのです。そこから、自分を解放するためにも、少しずつ「能力主義批判」がはじまったのでした。

そして、能力主義そのものと向き合いはじめた時、それは必然的に現行の日本社会の「学校、社会、制度」を問い直すことにもつながります。僕自身はかつて、学校で「よい子」で過ごしてきましたし、今の大学で教えていても「よい子」が多いです。でも、その「よい子」が、「学校、社会、制度にとって都合のよい子」である、とパラフレーズすると、違った世界が見えてきます。本人の想いや願いを押し殺して、親や教師、大人や世間に忖度する「よい子」って、自分の魂を抑圧した、しんどい子に見えてきます。大学生と接していても、そういう子が一定数いると思います。そして、今は潑剌としている小学生の娘が、そんな「よい子」になってほしくはない！と父は痛切に思いはじめています。

そういう自分の生き様に連動するように、その時々で必要とする本を読み続けてきました。僕にとって読書とは、勉強ではなく、対話です。自分が「見えていない、気づいていない、わかっていない盲点」に気づかせてくれる良書と対話をするのが読書であり、気に入った一節を引用しながら、著者の論理を辿り、そこから僕自身の経験と交錯させて自分の言葉を紡ぎ出すのがブログでした。

そして、そんなブログを今度は書籍化しようと手を入れてみると、もう一つの発見がありました。それは、かつての僕自身との対話です。毎回ブログは本を読んだ後すぐに、2〜3時間でざーっと書き飛ばします。4000字から8000字ほどの文章を、一気呵成に書いてしまいます。限られた時間でエイヤッと書き終えるのが、ブログの骨法です。ただ、時間をおいて、今度は安藤さんに編んでいただいた流れで読み直した時、書き加えたいエピソードが次から次へと出てきます。ブログ執筆時は、紹介する本を読んだ直後なので、その本のことで頭がいっぱいでした。でも、落ち着いて手を入れてみようとすると、「能力主義批判」が主題だけれど「家族・子育て」と繋がっている、とか「学校、社会、制度」の話だけれど「ケア論」にも関連している、とか、安藤さんにジャンル分けしていただいた内容の関連性が見えてきます。

単著というのは、自分一人で書くのが原則なので、どうしてもモノローグになりがちです。でも、今回は「書籍との対話に基づくブログ」を、「安藤さんによるジャンル分けと再構成」で整理し直し、「かつての自分のテキスト」と対話して書き足していくという、二重三重の意味での対話的な文体になったのではないか、と思います。それは、これまで書いてきた他の単著と大きく違うポイントだと思います。

あと、補足的に自己紹介をさせてください。僕自身は福祉社会学と社会福祉学、理論と現場、個別支援とマクロ政策……などの境界領域（汽水域）をさまよう（＝どっちつかずな⁉）研究者です。大学院の頃の精神病院でのフィールドワーク[*]を皮切りに、障害者福祉の世界にどっぷり浸かってきました。そういう意味で、「能力主義」的に切り捨てられ、排除・収容される側の人のことが、ずっと気になってきました。でも、今回の本を書き終えて改めて思うのですが、それは健常者社会の写し絵である、ということです。特別支援学校への排除とか、普通学校の差別性とか、企業における「出来ない奴」の切り捨てとか、単にごく一部の不幸でかわいそうな例外の人の話、ではありません。日本社会はそのような弱肉強食的論理が徹底され、学校教育で標準化・規格化・秩序化・序列化されています。そのような枠に当てはめる論理が、自発的に奴隷のように従う「自発的隷従」を人々に強いています。このような強迫観念こそ、生きづらさの元凶にもなっていると思います。

本書を通じて、研究者として、父親として、社会の一員として、今の日本社会の閉塞感が嫌だ、という思いに基づいた議論を展開しています。本書で紹介させてもらった著者の思考や、僕自身の試行錯誤を読み進めるなかで、読者のあなたが、「そうそう！」「それ、ちょっと違うのでは？」「何かモヤモヤするなぁ……」など、内的言語を豊かにして、垂直の対話を生み出してくださったら、著者冥利に尽きます。

あなた自身が子育て中でなくても、ケアに関心がなくても、日々の暮らしのなかで、仕事や学校生活、家族や友人との関係性……などで抱くモヤモヤや不全感を思い浮かべながら、本書と対話的関係を結んで下さったら、有り難い限りです。

＊——２００６年の法改正により、「精神病院」という名称は法律上、「精神科病院」と名称変更された。参議院法制局はその背景として、「精神病院という用語には、精神病者を収容する施設というイメージが残っており、そのことが、精神科医療機関に対する国民の正しい理解の深化や患者の自発的な受診の妨げとなっている」と述べている。だが、名称が変わったところで、「精神病者を収容する施設」という「イメージ」だけでなく、長期社会的入院という「実態」が残っている。そこで本書の中では「精神病院」という名称を本書全体で使い続けることにする。

能力主義をケアでほぐす

目次

第3章

家族がチームであること

第4章

学校・制度・資本主義

第1章

能力主義のなにが問題なのか？

学力偏重は「やめたくてもやめられない」アディクション

新書で骨太なものに出会うと、読んでいてこちらもパワーをもらえる。連休中に読み終えたのも、メリトクラシー（能力主義）をその土台から考え直す良書。

メリトクラシーを標榜する社会においては、抽象的システムに該当する学歴が貨幣ないし専門的知識を示すものとして提示される。しかしながら、抽象的システムそのものの内実（本当にその学歴を持った人はその地位に就く能力のある人なのか）を私たちはいちいち確認するわけではなく、また確認することは現実に容易ではない。したがって、そこには「学歴信仰」のようなものを含む形で、学歴を信頼してなんとか日常を回していることになる。しかしながら、上述のように、そのような抽象的システムそのものにも再帰的まなざしは向けられていく。だからこそ、私たちは学歴社会を批判し、入学者選抜や資格試験などの現状のエリート選抜の方式を批判することが日常的になるのである。

（中村高康『暴走する能力主義――教育と現代社会の病理』ちくま新書、p157-158）

学歴は貨幣と同様に、抽象的なものであり、その学歴と引き替えにあるポジションに就くことができるなら、交換条件でもあるという点で貨幣に似ている。だが、貨幣については、1万円札の製造コストがいくらである、とかそのクオリティはどうか、などを問わないことを共通の前提として人びとが了解している。なぜなら、交換することに意味があり、金と違って、その紙幣・硬貨そのものの質や精度に価値をおかず、さらに言えば貨幣そのものでなく、その貨幣を発行する中央銀行や国のシステムへの信頼が前提となっているからだ。だから、国の信用がなくなったら、ハイパーインフレが生じる。

一方、能力に関しては、中央銀行や国のような担保機関が存在するわけではない。また、貨幣と違って一元的・線形的に評価することもできない。すると、「振り返って問い直す」という意味の「再帰性」が強まる後期近代社会においては、「学歴社会を批判し、入学者選抜や資格試験などの現状のエリート選抜の方式を批判することが日常的になる」というのだ。これは、僕が大学教員をしていても、ずっと学部改変や入試改革を求められ続けてきたので、すごくよくわかる。「学歴」が信頼できるように、「社会人基礎力」なるものを大学でつけられるようにしろ、とか、自己点検・自己評価なるものでシラバスを標準化しろ、だとか、大学現場はこねくり回され続けている。

そしてこの本の魅力的なところは、それを文科省や政治家の問題だけに留めず、社会学者アンソニー・ギデンズの論を踏まえながら、これは（後期）近代社会固有の問題である、と喝破するところである。

伝統とは世襲的・血縁的な地位の継承原理であった。これがあれば、さしあたり、「なぜその人がある地位につくのか」ということは説明を必要としなかった。「伝統」だからである。しかし、そのロジックが通用しなくなった社会では、「なぜその人がある地位に就くのか」を理由づけることがその都度求められることになる。つまり、再帰的にモニターされるようになるのである。そこで有効な説明道具となるものが「能力」となるのでメリトクラシーが普及拡大していくのだが、実のところこれは容易に測れない性質のものであるがゆえに、地位配分原理の決定的な理由づけとはなりえない。そのため、能力をめぐる再帰的モニタリングが際限もなく続いていくことになる。これが、近代におけるメリトクラシーの再帰性の基本ロジックなのである。

（同上、p147）

歌舞伎役者に代表されるような「伝統」「世襲」「血縁」。「その仕事を引き継ぐのは『伝統（世襲、血縁）』だから」と言われると、ああそうなんですね、としか返せない。つまりこれらは問いを挟む余地を残さない・許さない、「決定的な理由づけ」である。

他方、「能力があるから」と言われたら、本当なのですか?とその能力に関しての問いは生まれる。しかも、能力の有無は「容易に測れない性質」であり、IQが高くても、高学歴でも、金持ちであっても、それが眼の前の仕事に適切に対処できるか、と一致しないことがしばしばあることも、多くの人の間で共有されている。だからこそ、「振り返って問い直す」という意味での「再帰的モニタリング」が際限もなく続いていく」。

しかも、ギデンズは、グローバライゼーションが進んだ現在を、ポストモダン（近代の後）ではなく、「モダニティの徹底化」（p148）であると捉える。ということは、この「能力をめぐる再帰的モニタリング」も「徹底化」されていく。これが、近年のセンター試験から共通テストへの改変だの「新しい学習力」だの、あるいは大学への競争的資金配分だの、という矢継ぎ早の改革の背後にあることも、頷ける。それらは「能力がある人を輩出するとはどういうことか?」を巡る改革であり、こういう基準で測れば、こういう学部で育てれば、社会が必要とする能力を獲得出来ます、と大学は社会に対して一生懸命訴えかけようとする。

しかも、このような「モダニティの徹底化」によって、そもそも「能力」に基づくアイデンティティも何度も繰り返し再帰的に問い直されるため、そのことに関連した不安である〈能力不安〉が生じる。それに対応するのが、偏差値である、という。

偏差値は、メリトクラシーの再帰性の観点から言えば、選抜が大衆化したときに、〈能力不安〉も大衆化するために、そうした不安を抱える多くの生徒達に自己能力への再帰的モニタリングを強力に手助けするための情報提供のツールとして、導入され普及したと考えることができるのである。（p186）

僕がかつて13年間お世話になった山梨学院大学は、偏差値上では「Fランク」と受験産業が勝手に決めつけている。これは、最低ランクであり、倍率が低くて偏差値が算出できないが故に、「誰でも入れる（ボーダーフリー）大学」とバカにされる対象である。でもその大学で学生達と接していて、「Fラン大学は学級崩壊」といったネット上の批判は全く当たらない、と感じていた。意欲的な学生も多く、ゼミなどでも真摯な問いや本質的な議論が出来ていた。そして、今思えば偏差値的な格付けをそれほど気にしていない学生も、少なくなかった。そういう意味では、現任校の県立大学の学生さんの方が、「自己能力への再帰的モニタリング」への強迫観念は強いのかもしれない。学校で優等生だった彼女ら彼らは、偏差値を内面化し、自分はどのくらいのランクか、を高校時代からずっと査定し続けてきた。それは、かつて受験勉強を必死にするうちに偏差値を内面化してきた自分自身と重なるのだ。

前任校時代に「自己能力への再帰的モニタリング」に関して、あるとき文科省の委員会で話題になったのが、大学をL型とG型に分ける、という議論である。これは経済界出身の委員が出した持論で、世界レベルのトップ研究大学の Global 型と、地域に貢献する人材を輩出する Local 型に、大学を二つに分けよ、という提案である。そして、L型大学であれば、法学部なら「憲法、刑法」ではなく「道路交通法、大型第二種免許・大型特殊第二種免許の取得」を、工学部なら「機械力学、流体力学」ではなく、「TOYOTAで使われている最新鋭の工作機械の使い方」を学ぶべし、と書かれていた。

なんでこんな学生を小馬鹿にするような提案をするのか、と当時から腹が立っていたが、中村さんの指摘を踏まえるならば、このような「L型G型」という二項対立軸の提示の背景にも、「能力不安」とか、「自己能力への再帰的モニタリング」への強迫観念があったのだ、と整理することができる。ある一定以下の偏差値の大学の学生は、抽象的概念の理解が難しいのだから、「実学」を学ばせた方が「能力」があがるだろう……という一方的で独善的で差別的な提案だったのだ。それは「自己能力への再帰的モニタリングを強力に手助け」しなければならない、という、G型大学ご出身のエリート様による、お節介な提案であり、その人の持つ能力主義への強迫観念の表出であった、とも今なら理解することができる。

中村さんの議論の真骨頂は、このような能力主義への強迫観念を、一種の不安解消のあり方としての「嗜癖《しへき》」である、と喝破するところである。

偏差値も、通塾と同様に、それを求めずにはいられなくなりながらも、能力アイデンティティと〈能力不安〉を恒久的に安定化させるものではないという意味でも嗜癖的である。戦後教育をめぐる議論において、これらの現象が病的とみなされてきたのも、決して根拠のないことではないのである。 (p187)

この記述を読みながら、都市部を中心に中学受験が流行っていることを思い出す。東京の23区内の小学校であれば、中学受験をするのが当たり前になっている、という現実である。仲間の研究者も、「夫婦は地方の公立学校出身だから、受験する必要はないと思っていたけど、子どもの友人がみんな塾に行っているので子どもも行きたいと言い出した」といって、通塾させた上で、中学受験をしていた。

広辞苑で嗜癖とは「あるものを特に好きこのむ癖」と定義されている。でも、偏差値や通塾、中学受験を「特に好きこのむ」人はそんなにいないはずだ。すると、先の引用を、「それを求めずにはいられなくなりながらも、『それを得られたとしても』、能力アイデンティティと〈能力不安〉を恒久的に安定化させるものではない」と言い換えてみたくなる。私立の中学に行こうが、有名大学に行こうが、それで能力が高くなり、人生が幸せになるとは限らない。でも、幸福な人生を送るための「正解」がないから、どうしていいのかわからない。それであれば、周りの人もやっているから、中学受験をしておけば、将来の可能性が高まるという意味で「正解」なのではないか。それが偏差値や通塾、中学受験などに共通する、不安をターゲットにした指標や教育産業の論理なのかもしれない。それは、「やめたくてもやめられない」という意味で、薬物やアルコールの濫用にもつながる、ある種の病的な嗜癖（＝アディクション）なのかもしれない。

メリトクラシーの揺らぎの中で、自らが培った能力やアイデンティティが高く評価され続ける、という意味での、「同じ状態であり続けられる」ことを担保する「一種の不安解消の一つのあり方」に「嗜癖」的にのめり込んでいく。これが、教育改革への多くの人ののめり込みの背後にある。本書を読んでそう感じる。自分は頑張って能力を積み上げたからこそ、うまくいった。だからこそ、あなたも努力し続けなければならない、と。それは正直、しんどい論理だよなぁ、と感じる。

では、どうすればよいのか。これからの社会に必要な能力とは何か、という問いに、筆者は単刀直入に「それは簡単にはわからないこと」(p236) と言い切る。「簡単にはわからないこと」なのに、わかったフリをして、あれこれいじり倒すのは、嗜癖的であり、存在論的不安を一時的に解消するが、本質的な解決策には導きにくい。

だからこそ、このような『暴走する能力主義』の構造的特質を理解することが大切なのだ。少子化なのに中学受験がこうももてはやされる背景に、自分たち自身のなかに内面化された能力主義に基づく強迫観念や病的嗜癖がないか。みんなが同じ方向を向いているからといって、みんなが信じる能力や査定基準を、自分も本当に身につける必要があるのか。こういう批判的思考がものすごく問われている。そして、批判的思考こそ、大学在学中に学生に伝えたい最大の「基礎力」であるのかもしれない。

（2019/05/03）

能力主義をいかに相対化するか

マイケル・サンデルの『実力も運のうち　能力主義は正義か？』（早川書房）を週末に読み終える。サンデルの本をちゃんと最後まで読み通せたのは、これがはじめて。僕は正義論の議論はあまり得意ではなく、ましてや流行の本にすぐに飛びつく性質でもないので、本当に珍しい読書体験。でも、ここ最近ずっと気になっている能力主義について、サンデルならどう描くか、を知りたかった。そして、めちゃくちゃ面白かった。

能力主義の理想は個人の責任という概念をきわめて重視する。人びとに自分の行動の責任をある程度まで負わせるのはいいことだ。道徳的主体として、また市民として、自分で考えて行動する能力を尊重することになる。だが、道徳的に行動する責任を負わせることと、われわれ一人ひとりが自分の運命に全責任を負っていると想定することはまったく別である。（p52）

2010年頃から、日本社会における「生きづらさ」について授業でもずっと取り上げてきた。薬物依存やリストカット、オーバードーズ（処方薬の過剰服用）や子どもの貧困、ひきこもりや不登校、いじめや社会的孤立など、日本社会には多種多様な「生きづらさ」が表面化している。これらの「生きづらさ」の話を授業で取り上げるたびに、少なからぬ学生から、「そういう人はかわいそうだけれど、そんな結果になったのも、どこかで自己責任の部分もあるのではないか」という自己責任論が飛び出してきた。そして、その自己責任論が生まれてくる背景には、能力主義の弊害があるのではないかと思い続けてきた。

ただ能力主義を頭から否定することはできない。なぜならばその能力主義社会の中で、僕自身も生きてきたのであり、ある時点まではその能力主義の果てしない競争に自分自身もしっかり乗ってきたからである。その自分が信じて疑わなかった価値前提を疑うのは、そう簡単ではない。だからこそ能力主義をどう考えていいのか、いろいろな文献を読みながら、毎年授業で学生達とあーだこーだと話し合いながら、考えてきた。その課題を、サンデルは実に明快に整理している。

道徳的に行動する責任を負わせることと、われわれ一人ひとりが自分の運命に全責任を負っていると想定することはまったく別である。

この二つが渾然一体となっているのが、能力主義のややこしいところだ。道徳的に行動する責任を免責するつもりはない。でも音楽や芸術の才能があった、スポーツで日本一の選手になれた、受験勉強をうまくすり抜けることができた……それらは、人間の様々な能力の中のごく一部分にすぎない。不登校になるとか、いじめにあうとか、ヤングケアラーだとか、家庭が貧困だったとか、その人にコントロール出来ない色々な社会的な状況や運不運によって、その人が道徳的に行動できるかどうか、の前提も異なる。にもかかわらず、例えば高卒か大卒か、とか、有名大学を出ているかどうか、で、その後の自分の運命が大きく変わったり、それも自己責任といわれると、それは何だかおかしいのではないか、と思う。

そして論考は、民主党の大統領だったバラク・オバマがこの能力主義の申し子だったという考察を深めていく。僕自身、オバマ政権の誕生は単純にワクワクしたし、期待もしていた。サンデルも書いていたが、黒人教会での銃乱射事件の後の「アメージンググレース」の弔辞のラストシーンは感動的で、いま見ても彼の演説の訴求力とか、人々を鼓舞する力は圧倒的でもある。そんなオバマがなぜアメリカ社会で評価を落としていくのか、そしてトランプに政権の座を譲ることになるのかが理解できていなかった。「リベラル左翼」と呼ばれる論者たちは、それをポピュリズムのせいだとか、アメリカの貧しい白人たちの最後の反論だとか様々な分析をしていたが、どうもそれらの分析にはしっくり馴染めなかった。だがサンデルの能力主義論を読んでいて、オバマが嫌われる理由がすごくよくわかった。

能力主義者は、あなたが困窮しているのは不十分な教育のせいだと労働者に向かって語ることで、成功や失敗を道徳的に解釈し、学歴偏重主義――大学を出ていない人びとに対する陰湿な偏見――を無意識のうちに助長している。（p132）

オバマは、民主的社会において意見の衝突が生じる最大の原因は、一般市民が十分な情報を持っていないことだと信じていた。

情報不足が問題なら、解決策は次のようになる。事実をよりよく理解している者が仲間の市民に代わって決定を下したり、あるいは、少なくとも彼らを啓発すべく、市民自身が賢明な決定を下すために知るべきことを教えてやったりすればいいのだ。大統領のリーダーシップは、道徳的信条ではなく、事実の収集と公表をめぐって発揮されることになる。（p155）

オバマだけでなくイギリスのブレア元首相も、政権の主要施策に教育を挙げた。これは

「あなたが困窮しているのは不十分な教育のせいだと労働者に向かって語ること」であった。オバマやブレアだけでなく、僕自身も教育への「投資」を「悪くない政策だ」と思い込んでいたのだが、実はその思い込みの背景に、「学歴偏重主義——大学を出ていない人びとに対する陰湿な偏見——を無意識のうちに助長している」と指摘されると、グサッとくる。さらに言えば、教育への「投資」とは、学歴偏重主義そのものを是正するどころか、それを加速化させる政策なのである。

また「事実をよりよく理解している者が仲間の市民に代わって決定を下したり、あるいは、少なくとも彼らを啓発すべく、市民自身が賢明な決定を下すために知るべきことを教えてやったりすればいいのだ」という「上から目線」は、「有名大卒の知的エリートである私は事実を知っていて、高卒以下の無学なあなたはそれを知らない」という非対称性に基づく上から目線の「陰湿な偏見」をはらんでいる。さらには、「意見の衝突」は、知識の量の差異であり、あなたは知識のないおバカさんだから理解出来ていないけど、私と同じ知識量を持てば私と同じ意見になるはずだ、というのは、他者の他者性を認めず、己の正しさを称揚する不遜な言い方にも繋がるのだ。

これは一言で言えば「あなたは間違っていて、私は常に正しい」という言い方で、そう名指しされたあなたにとっては、嫌な奴と映るのである。そして、このようなリベラルで進歩的な知識人の「嫌な奴」のスタンスにこそ、有権者である労働者階級は愛想を尽かす。

あなたと同じような知識量を持っていないから、あなたに反発しているのではない。あなたが信奉している能力主義で、私には能力がないと断罪し、能力を持てばあなたと同じように考えるはずだ、という価値前提そのものが、私のことを理解しようとしない傲慢な考えではないか、と。このような直観に基づく感情的反発が、オバマ政権やヒラリー・クリントンへの反感にも繋がった、というのは、すごく納得出来る整理であった。

さらにこの本では今の議会政治が普通選挙制以前の、財産資格に基づく制限政治と似ていると言う。普通選挙制度が始まった当初、労働者階級の、つまりは高卒の国会議員がアメリカでもイギリスでも一定数いた。だが現在では、本来労働者階級の政党であるアメリカの民主党も、イギリスの労働党も、大卒・院卒エリートで占められていて、労働者の意見を十分に反映できていない、という点で、普通選挙以前の議会構成員の学歴と同じ、というのである。ここにも確かに能力主義の奢りがある、というのもよくわかる。

そして、この本の主張の核心部分は次の部分だと僕は感じた。

金儲けがうまいことは、功績の尺度でもなければ貢献の価値の尺度でもない。すべての成功者が本当に言えるのは次のことだ。類いまれな天分や狡猾さ、タイミングや才能、幸運、勇気、断固たる決意といったものの不可思議な絡まり合いを通じて、いかなるときも消費者の需要を形づくる欲求や願望の寄せ集めに——それがいかに深刻

なものであれ馬鹿げたものであれ――どうにかして効率的に応えてきた、と。（p207）

能力主義は、成功を努力の成果だと思いこみたがる。確かに努力もあるだろう。でもサンデルが描くように努力以外の様々なファクターが不可思議に絡まり合う中で、ある人は成功し、ある人は失敗する。それは文字通り、運不運である。にもかかわらず、能力主義は、運不運という人間の計らいではどうしようもないことを、努力如何で、しかも大学卒業かどうかという狭い評価基準で克服可能なものだと縮減して決めつけようとする。そして、その能力があるのだから、高い給料がもらえるのは当然だ、という前提にたって、企業のＣＥＯに破格の給与を払うことを許してしまう。99％の平民の賃金が下がっていっても、１％の能力主義の成功者を評価するためには仕方ない、と放置されることにもつながる。それは変だと感じても、「アメリカンドリーム」だとか、「努力すれば報われる」の典型例だとか言われて、誤魔化される。でも、高卒の労働者達にとっては、資本家に搾取されることは、「勉強していない＝能力がないあなたの自己責任だ」と突き放して査定されていることとも同じであり、自分がバカにされていると怒り狂うのも、理解できる。だからこそ、彼・彼女らはトランプを信じて託したのである。

これに関して少しだけ、自分語りもしようと思う。僕自身、今大学でフルタイムの仕事を得られているのは、自分の努力や能力のおかげもあるかもしれないけれど、それよりも運やご縁のなせる業だと思う部分が多い。

京都の下町の公立中学の1年生のころから、たまたま猛烈進学塾に入ったので、チャリで通える場所にあった「京大合格至上主義」の私立高校に進学した。でも、京都大学を受けるにはセンター試験の点数が足りず、浪人しても「大阪大学しか受からなかった」ことに落ち込み、入学当初はヤサグレていた。その認識枠組み自体が、ずいぶん不遜な能力主義的思い込みの表現であるとは、30代になってやっと認めることができるようになってきた。

でも一浪して入った大阪大学人間科学部で、受験勉強とは全く異なる「ほんまもんの学問」に出会い、人生で初めて学ぶ面白さに気づいた。そして僕自身が大学院に入るタイミングで、ジャーナリストの大熊一夫師匠が新設講座の教授として、やってきた。僕はジャーナリストに弟子入りした大学院生であったからこそ、なんとか潰れずに大学院をサバイブできたのだと思う。理論社会学などを必死に勉強したところで、自分よりはるかに頭の回転のよい・真面目に課題に取り組む・博識な院生やポスドクの層の厚さを前に、きっと挫折していただろう。様々な偶然が重なり、最短の5年間で修士号と博士号を取得できてしまった。とはいえその後になって、出身講座の助手には採用されないのだと遅まきながら気づき、結果的に「高学歴フリーター」に突入してしまう。でもそこで時間的余裕があったから、スウェーデンでの半年間の在外調査研究にも従事できた。その間50の大学に落ち続け、２年後にやっと拾ってもらったのが山梨学院大学だった。関西とは縁もゆかりもない地方都市だったから、地域福祉のダイナミズムをリアルに学ぶことができた。そして山梨で素敵な現場やオモロイご縁に恵まれ、13年間楽しく教育や研究を続けたからこそ、こつこつと著作も出すことができた。不妊治療で長く苦しんだ末に、42歳で子どもが生まれ、「戦線離脱」をしたからこそ、結果的にその後ケアについての本をあれこれ書くご縁も頂いた。本書もその一つである……。

自分の人生を振りかえってみてわかること。それは、自分にとって想定外の事態にばかり遭遇したし、能力主義でコントロールできない不可思議な偶然の出来事が積み重なる中で、結果的に唯一無二の存在としての己の人生が形成されてきた。そういう意味で努力も運の一部であるし、能力主義を無批判に信じる必要性はないと、この本を読んで改めて感じる。

であるが故に、残念なのはこの本の結論の部分である。この本は能力主義に代わる概念として、貢献的正義を定義する。だが能力主義の性質に関する膨大な分析に対比すると、貢献的正義に関する提案はごくわずかであり、正直「それだけ？」と拍子抜けする結論であった。その部分では、マルクスとエンゲルスによる『共産党宣言』にも似ている。だが、マルクスやエンゲルスの秀逸な資本主義批判が１００年以上経っても現実味を失っていないのと同じように、サンデルの能力主義批判も、今後何度も参照する立派な批判であることは確かだ。
ではどうしたらよいのか？　問題は、僕自身、引き続きぼちぼち考え続けたい。
（2021/06/07）

あなたはそのままで生きてよい

正月は濃厚な読書が続いてきた。

個人化を問う「能力の共同性」と、資本主義を問う「存在承認」が、本書の未来に向けたキーワードとなっています。本書では、能力の共同性を新しく定義しなおし、「能力とは、分かちもたれて現れたものであり、それゆえその力は関係的であり共同のものであり、能力は個に還元できない」ものだと打ち出しました。多様な人々が力を合わせるという意味合いとは異なり、個に還元できない能力論です。「依存先を増やす」というような個人化された共同性は、いともたやすくネオリベラリズムに利用されるからです。「存在承認」は、あなたの存在を認めるよといった承認論ではないことを明確にしました。「共同的なものを基底に、自分を自分で承認しうる所得配分を前提にした状況」と整理をしました。

（桜井智恵子『教育は社会をどう変えたのか——個人化をもたらすリベラリズムの暴力』明石書店、p261）

教育社会学の視点から、桜井さんは能力主義を根源から問い直す。「能力の個人化」が学歴や偏差値、業績主義に結びつき、それが社会の既定路線になっている。それに僕自身も何十年と苦しめられてきたことは、子育てしてやっと言語化が出来るようになり、『家族は他人、じゃあどうする？——子育ては親の育ち直し』（現代書館）や『ケアしケアされ、生きていく』（ちくまプリマー新書）など二つの拙著でも部分的に言語化してきた。ただ、そのオルタナティブ（別の可能性）が見えていなかった。桜井さんはそれを、「能力の共同性」だと喝破する。「能力とは、分かちもたれて現れたものであり、それゆえその力は関係的であり共同のものであり、能力は個に還元できない」という定義を読んでいて、僕自身や娘を見て、思い当たることは色々ある。

娘は文章を書くのが好きだ。お父ちゃんの本に感化されて、自分も本を書くのだ、と仰っておられる。作文など、集中したら一気に書き上げる（とはいえ、その気になるまでにかなり時間がかかるのが難点なのだが……）。もし、僕が文章を書く代わりに、毎日ギターなりピアノを楽しんで弾いていたら、彼女もそっち方面に興味を持ったかもしれない。僕が日曜大工をしていたら、彼女も進んでトントンカンカンしていたかもしれない。もちろん、彼女は僕と違う他人なので、彼女なりの志向性があることは、間違いない。でも、彼女がサッカーや野球より合気道を楽しんでいるのは、明確に「関係的であり共同のもの」なのである。つまり、親が意識的・無意識的にやっていることを見よう見まねで楽しんでいる娘がいて、「個に還元できない能力論」が、その共同性のなかで育まれていく。

でも、資本主義的現実は、それとは真逆の価値観を提示している。

> 時代のデフォルトは「個人で生き延びろ」(個人化)である。子どもの貧困問題についても、解決の方法として「学習支援」が注目されたため、子どもの将来に大きく関わっている雇用や深刻な不平等の改善という争点は周縁化され、脱政治化されてきた。現代の市民社会において、人々の生存の軋轢は未解決のまま取り残されている。(p237)

貧困家庭から抜け出すために、「努力すればなんとかなる」のだから、「学習支援」を受けて、高い学歴をつけて、脱出せよ。その価値前提には、『個人で生き延びろ』(個人化)がある。学力を身につけることが貧困家庭から抜け出す前提になっている。一見するともっともらしい言説だが、この言説の背後には「努力しても学力が身につかなければ、それはその人の自己責任」という問題の個人化が見え隠れしている。このことは、以前に触れた、サンデルが『実力も運のうち』で展開した批判にも、つながっている。

この言説の何が問題なのか。そもそも議論の前提が逆なのである。無条件に安心して生きられる社会の前提（B）があってこそ、落ち着いて努力をし、その人なりの最大限の結果を残すこと（A）ができる。でも今の日本社会においては、「能力の個人化」がデフォルトになっていて、努力（A）ができないなら、支援を受けられなくても仕方ない、つまりは（B）が保障されなくても仕方ない、とされる。非正規労働や同一賃金同一労働ではない労働の不平等など、貧困に陥る背景には社会的な争点が様々にあるのだが、その社会構造の抑圧や不平等といった前提自体は、そもそも問われない。個々人を貧困に追いやる社会の抑圧的な価値前提を変えようという「社会の努力」に関心は向かない。社会構造の抑圧を、「世の中そういうものだ」と鵜呑みにした上で、「働かざる者食うべからず」という論理が喧伝される。その論理に従わない・従えない人は、野垂れ死んでも自己責任だ、という視点が多くの人に内面化されている。このような、自発的隷従システムの前提の上での「能力の個人化」がデフォルトになる。すると、「依存先を増やす」ことができるかどうか、だって、「個人の努力次第」という形で取り込まれてしまう。

それから、先の引用の後段にある「雇用や深刻な不平等の改善という争点は周縁化され、脱政治化されてきた」というのも重要な論点だと思う。これは僕自身もそうだったし、大学生を見ていても、同じことを感じる。

僕自身は受験戦争をサバイブする中で、「能力の個人化」を内面化してきた。それは、「良い大学に行けば、良い会社（仕事、年収、地位……）が得られるはずだ」というお題目を鵜呑みにして信じてきたからだ。でもそれは裏を返すと、「生活や仕事を安定させたければ、良い大学に行かなければならない」ということだし、もっと言えば、「良い大学に行けないなら、生活や仕事が安定しなくても仕方ない・自己責任だ」という倒錯的な論理を内包している。しかも、その論理がねじ曲がっている（＝倒錯している）ということに、恥ずかしながら大学教員になった後も、しばらくの間気づけなかった。それが、「雇用や深刻な不平等の改善という争点は周縁化され、脱政治化されてきた」という内実なのだ。将来の不安に備えるために努力するのが当たり前だ、努力しなければどうなっても自己責任だ、という価値観を内面化することで、雇用や社会保障という本来は「政治的」な課題を「脱政治化」することに、消極的に加担してきた。そのことに大人になるまで全く気づけなかった。

そして今の学生たちは、教師や親の言うことに自発的に隷従し、他人に迷惑をかけないように、必死になっている。「努力すれば報われる」の論理を、ある人は何の疑いもなく、別の人は違和感があってもそれ以外のアイデアを教わらなかったから、いずれにせよ内面化している。そんな彼女ら彼らは、「雇用や深刻な不平等の改善という争点」を「政治」の問題だとわかっていても、そんな大きな問題は自分一人ではどうしようもないと思っている。それゆえ、結局自己責任の話だし、努力しないと雇用は得られない、不平等から脱出したければ努力しなければならない、と思い込まされている。だからこそ、そういう自発的隷従や努力が前提となっている日本社会のあり方自体に絶望し、「生きづらさ」がこの10年20年と累積的に子どもたちに広がっている。不登校やリストカット、自殺などが増えていく。それはあまりにディストピア的社会である。

では、どうすればよいのか？ それは、業績承認＝能力主義を疑うことからはじまる、と桜井さんはいう。

承認論は、再配分を左右する制度的平等の承認原理が、実は業績承認＝能力主義と重なっていることを認識する必要がある。現在の価値観のままに「承認」を支援の方法にすることによって、現状を支えてしまう構造的問題は大きい。（p185）

ちょっと難しい文章なので、少しかみ砕いて考えてみたい。

貧困家庭に学習支援を、という制度設計は、「業績承認＝能力主義」を肯定した上で、そこから脱落し塾に行けず基本的な学力が不足する貧困家庭の子どもたちにも、「制度的平等」を果たす再配分を行う、という方法論である。確かに、無料の塾に行けるようになると、子どもたちにも「機会の平等」を提供していると言える。でも、貧富の差の拡大の元凶に「業績承認＝能力主義」があるのに、ここは疑わない。「機会の平等」さえ保障しておけば、「結果の平等」は達成できなくても、「それは個人の能力や努力のせいなので、しかたない」と自己責任化されてしまう。「制度的平等」が「機会の平等」に限定され、「結果の平等」にも目が向かない限り、再配分は適切になされない。なぜなら、「業績承認＝能力主義」は、より多くの業績がある、能力があると社会的に評価されている人が、より多くの対価を得ることを正当化する仕組みだからである。

それは極端な国、アメリカをみればわかりやすい。アメリカの世界的企業のＣＥＯは一般従業員の２００倍近い給与をもらっている。でも、だからといってＣＥＯは一般従業員の２００倍の業績や能力があるあかどうかはアヤシイ。数倍から多くても数十倍の違いはあるかもしれない。でもそれを遙かに超える法外な賃金をＣＥＯが貰えるのはなぜか。それは能力主義的価値前提に、ＣＥＯだけでなく従業員も、そして普通の市民も従っているからである。このような「業績承認＝能力主義」という元凶を問うことなく、結果的に貧困になった人もその価値前提の中で闘うための「制度的平等」を用意し、それでも脱落したら「自己責任」「努力不足」と問題を個人化する論理は、「努力していないのだから、報われなくても仕方ない」という論理であり、それは「努力して社長の地位に就いた（業績を伸ばした、利益率を高めた……）のだから、従業員の２００倍の給料をもらうのも正当化される」という論理に繋がるのだ。

これでは、一部の金持ちが総取りする論理は、なにも変わらない。そのうえで、「業績承認」ではない「存在承認」という別の価値観を桜井さんは提唱する。冒頭で取り上げた引用の後段には、「存在承認」とは「共同的なものを基底に、自分を自分で承認しうる所得配分を前提にした状況」と書かれていた。

世間の求める努力をしなくても、つまり「業績」や「学歴」として承認されるものがなくても、標準的な生き方とは違っても、生きていくことが社会的に保障されている。そのような「所得配分」が保障されている。その前提があるからこそ、「自分を自分で承認しうる」状態が生まれてくるのである。無理に努力しなくても、あなたはそのままでも生きていてよい。それが共同的なものとして社会的に承認されているからこそ、安心して努力も出来るのだ。

そのためには、「業績主義＝能力主義」を前提とした今の学校のあり方も、変容が求められる。

学級は、相互に似通った均質集団として作為的につくられる。そのようになってはじめて、教師も親も子どもも公正さが保たれていると感じて安心する。しかし、これこそ疑う必要があるのだ。「近代学校は、学級内部の差異を〈同一性〉としてみせかけることを通して、学校での能力主義的支配を実現してきたのではないか。それは、

『普通学校』を『差別学校』として存続させ続けているひとつの根拠だとしてよいのだと思う。」

岡村の指摘した「普通学校の差別性」とは次のようなものだ。似通った均質集団として分類した学級を通し、学級間の比較を可能ならしめ、評価によって子どもを管理する。環境や構造の変革ではなく、個人に「課題」を求める能力主義を下支えする普通学校制度自体が差別を抱えているというわけだ。(p119)

本来、子どもは一人ひとり違う存在である。それを、学年ごとにわけることで、さらに学級という中規模単位にわけることにより、「相互に似通った均質集団として作為的につくられる」。一人の教員による35人の集団管理型一括処遇が可能になる。娘が小学一年生になった際、この集団管理型一括処遇になじめず、「移行期混乱」を経験した。なぜなら、彼女が以前通っていたこども園では、異なる年齢の子どもたちが混じり合って遊んでいたし、障害のあるお友達も一緒に関わり合っていた。均質ではない「差異」のある存在を、そのものとして認め合っていた。

でも、「近代学校は、学級内部の差異を〈同一性〉としてみせかける」。少しでもクラスになじめない、先生の言うことが聞けない、落ち着いて座っていられない子どもは、「問題児」とか「発達障害」のある子どもと命名され、特別支援学級に排除される。そして、普通学級に残った生徒達は、「相互に似通った均質集団」になるべく、必死になって集団のスピードについていく必要がある。娘の場合は、算数の問題を解くのには時間がかかるのだが、大量の宿題をこなすのに必死で、この「均質集団」についていくために、親も宿題の応援やサポートにヘトヘトになってしまう。

このような現状を前にして、桜井さんや彼女が依拠した教育学者の岡村達雄は、「普通学校の差別性」と命名する。特別支援学校・学級に排除されることだけが問題なのではない。たとえインクルーシブ教育を進めても、普通学級で排除される差別性が温存されているなら、そちらの方こそ問題なのだ。形だけ普通学級での統合教育を行っても意味はない。普通学校の差別性こそ、問題の本質にある、と二人は喝破する。それは、学力テストに象徴されるように、学校・学級間や学級内での比較を顕著にし、出来ない子ども「個人に『課題』を求める能力主義を下支えする」、差別温存のシステムなのである。これが教育の前提になっていると、桜井さんは言う。

貧困家庭であっても、本人に障害があっても、社会的に望ましい振る舞いや能力を発揮していなくても、どのような状態の子どもも、「共同的なものを基底に、自分を自分で承認しうる所得配分を前提にした状況」が「存在承認」であった。そういう共同性は、努力を前提としない所得配分と結びつかないと、「あの人だけズルい」「働かざる者食うべからず」といった価値規範に引きずられてしまう。そういう悪平等からどう距離をとって、一人ひとりの「他者の他者性」が認められるか、が問われている。

誤解のないように付け加えておきたいことがある。著者は努力することそのものを否定しているのではない。でも、努力できる環境が剥奪されている人には、努力の前に、安定的に暮らせる経済的基盤（結果の平等）が必要だと説く。それを保障せずに、努力しなさいという競争環境（機会の平等）さえ提供すればそれで事足りる、という発想では、結果として貧困の連鎖や再生産を止めることはできない、と指摘しているのだ。

経済的に苦労している子どもへの支援には、現金が提供されるのではなく、就学や就職への機会が提供されている。機会を奪われているから、機会を与えよう。そこで力を出しなさいという支援は、彼ら・彼女らに機会を与えれば、がんばることができるだろうという自立支援だ。苦労している子どもは、精神的にも社会関係的にも安定を奪われているという現実の見立てができていない。（p63）

これは、普通学校を差別学校にしないための、根本的な視点になりうる。貧困な家庭の子ども、だけでなく、障害のある子やヤングケアラー、あるいは家族の不和がある、本人が家族や学校とうまく折り合いがつけられないなど、様々に「苦労している子どもは、精神的にも社会関係的にも安定を奪われているという現実の見立て」が、必要なのだ。その際に必要なのは、競争環境の提供（＝機会の平等の保障）ではなく、安心して学べるための精神的・社会関係的・経済的な安定の提供（＝結果の平等の保障）なのだ。それが、本書で後ほど触れる大阪市立大空小学校の初代校長、木村泰子先生の述べる「全ての子どもの学習権を保障する」ことにもつながるのだ。

それはもちろん、学校だけで実現出来る話ではない。こども家庭庁が出来たが、子ども福祉として、教育や福祉の垣根を越えて求められるのが、子どもたちの様々な安定的基盤の提供であり、そのサポートなのだ。それがあって初めて、子どもたちは「存在承認」がなされる。そして、自分自身への「存在承認」があれば、他者の存在も認められる。自己責任論を過剰に内面化し、「迷惑をかけるな憲法」が息巻く社会を超えるためには、そういう価値転換が必要なのだ、と気づかされたキーブックとなった。

（2024/01/04）

信頼関係の基本はただ話を聞くこと

日本だけでなく世界的にも有名な精神障害者の地域生活支援の拠点である「浦河べてるの家」の創設者、向谷地生良さんにインタビューした時のことは、本書の別の部分でも触れている。その際、向谷地さんがぼそっと仰ったことが、ひっかかっている。

「精神障害を抱えて生きる人の実存に向き合わないと」

精神障害を抱える人は、生きる苦悩が最大化した人でもある。ということは本人にとっては、生きる苦悩という実存上の課題が極まった状態の人でもある、と言える。その時に、エビデンスベースで標準化・規格化された「一般的な答え」は、部分的には役に立つかもしれないが、本質的な意味で、本人の実存的課題の解決策につながらないのではないか、と感じていた。

そのことを、別のルートで指摘している一冊に出会った。

性格を把握することは、課題解決の最初の一歩でしかない。知ったうえで、「誰と誰を業務で組み合わせようか?」「どう仕事を割り振ろうか?」といった現場の調整がすべてなんだ。

（勅使川原真衣『「能力」の生きづらさをほぐす』どく社、p180）

勅使川原さんは、コンサル会社で能力開発業務に従事した後、今は独立して組織開発の仕事に従事し、2人の子どもを育てている。ただ、2020年に授乳中の違和感から乳がんが発覚し、あちこちに転移している。そんな闘病中の彼女は、子どもたちにメッセージを残したいと、あえて「自分が死んだ後」の2037年に、成人した子どもたちと対話形式で、この社会に蔓延する能力主義について解きほぐしていく、という体裁を取っている。

この本の中で、組織開発に従事する経験に基づき、勅使川原さんは、社員の性格や能力を分析しただけでは、業績が向上しない、と語る。入試の偏差値はペーパーテストの情報処理「能力」によって決まるが、そもそもそれは個人の表層的な知識や経験、スキルである。勅使川原さんによれば、その下に見え隠れしているのは、意識や意欲、心構えや価値観などの「マインドセット」だという。さらに深層の、普段は見えない部分には「性格特性や動機」などの感情の素が隠されており、これは「若年期に固まり安定、変容はかなり難しい」としている（p175）。

そして、この「若年期に固まり安定、変容はかなり難しい」「性格特性・動機」こそが、本人の生きる苦悩をもたらす源泉であり、実存上の課題だ、と架橋すると、話の見通しがよくなる。職場での不適合、病気や失業、離婚や親族トラブルなど、様々な「悪循環」に襲われたとき、情報処理能力などの知識や経験、スキルではなんともならなくなる。そういう苦境の時こそ、その人のマインドセットが問われるし、それは性格特性や実存的課題と直結している。会社の業績悪化などでも同じで、そのような「ピンチ」の時こそ、表層的なスキルでは対応出来ず、本人の人間性が問われる、というのだ。

だからこそ、性格特性を心理テストで計れば、それで組織開発が出来るわけではない、という勅使川原さんの話もよくわかる。「性格を把握することは、課題解決の最初の一歩でしかない。知ったうえで、『誰と誰を業務で組み合わせようか?』『どう仕事を割り振ろうか?』といった現場の調整がすべてなんだ」というのは、本人の性格特性を活かしつつ、それが業績や欲しい成果と結びつくためにどうしたらよいのか、を考えるプロセスなのだという。こういう泥臭い「現場の調整」をしないかぎり、組織の苦境は越えられないのだ、と。

なぜ勅使川原さんは、こういうことを書籍で訴えるようになったのか。それは彼女自身が乳がんになって、以下の視点をもつようになったからだった。

私を静かに追い詰めていたのは、一元的な「正しさ」だったのだと。「能力」の呪いもそういうこと。多様なはずの人間に対して、画一的なあり方を社会が要請する。これに辟易してきたんだ。

（p245）

「能力が高いほうがよい」「お金持ちなほうがよい」というのは、「一元的な『正しさ』」の最たるものである。確かに、能力やお金は、あるにこしたことはない。でも、それ「だけ」が正しさの価値基準だとすると、「多様なはずの人間に対して、画一的なあり方を社会が要請する」ことになる。社会に迷惑をかけずにそつなくこなす「世間にとって都合のよい子」だけが社会的に認められ、その範囲でしか自己表現してはならない、とすると、あまりに世の中はしんどいし、苦痛が多い。それは、己の実存上の課題が切り捨てられ、標準化・規格化された「一元的な『正しさ』」の範囲内で査定・評価・批判される枠組みへのしんどさ、である。拙著『ケアしケアされ、生きていく』の中では、「他人に迷惑をかけるな憲法」に呪縛されている、と表現したが、こういう「憲法」は、個人のパフォーマンスの最大化を抑圧する最大の呪縛装置だと思う。

そして、乳がんになった際、エビデンスに基づいて仕事をしていた勅使川原さんは、気がつけばスピリチュアル系整体師にハマって沢山つぎ込んでいた、という。なぜ、高学歴で情報分析能力にも長けた彼女が、医療機関の客観的情報に満足せず、アヤシい新興宗教のような内容にはまり込んでいったのか。彼女はこんな風に振りかえっている。

「私」という個別具体へのソリューションを一般論から、ポンポンと繰り出すのではなく、まず「私」についての一次情報をがっつり受け取ってくれた。結果、「これだけ私の話をさせてもらえたんだから、この人（整体師）は私のことを最もよく理解した人として適切なソリューションを実行してくれるだろう」——そんな信頼感が、巡り巡って醸成された。ソリューションはなんでも良かったのかも。（p232-233）

乳がんや精神疾患は、風邪や骨折とレベルが違う。それは、それまでの生き方を継続できないかもしれない、という実存上の課題を突きつける疾患だからだ。確かに、治療は可能である。でも、心身の痛みや苦しさが最大化し、さらに言えばこれまでの働き方や価値前提を変えないと、予後が良くならない可能性もある。つまり、表層的な「知識・経験・スキル」ではなんともならず、「意識や意欲、心構えや価値観」のような「マインドセット」の変更だけでなく、個人の「性格特性や動機」をも深く揺さぶられるような、生きる苦悩が最大化した疾患である。

つまり、自分自身の実存が揺さぶられ、苦しんでいる。

その時に、一般論や客観的なデータをいきなり伝えられても、相手の心には届かない。

なぜなら、「なぜ他ならぬ私が、よりによっていま・ここで、乳がんや精神疾患になってしまったのか?」という実存上の問いには、客観的なデータは全く答えてくれないからだ。そのしんどさや苦しみ、葛藤の最大化といった『私』についての一次情報をがっつり受け取ってくれた」かどうか、は、実存が揺さぶられている人には、ものすごく大きな出来事である。

「これだけ私の話をさせてもらえたんだから、この人(整体師)は私のことを最もよく理解した人として適切なソリューションを実行してくれるだろう」

この勅使川原さんの内的合理性は、窮地に追い込まれた人に共通しているのではないだろうか。実存が揺さぶられ、しんどくて苦しくて、理解してもらえない、聞いてもらえない苦悩やモヤモヤを、ここまで共感して聞いてくれた。アドバイスや助言は横におき、私の最大化した生きる苦悩を、そのものとして親身になって理解しようとしてくれた。それだけ話を聞いてくれ、私のことを理解してくれる人だから、信用出来るし、その信用出来る人のアドバイスなら聞いてみたい。たとえその人が、医者でなくて怪しいスピリチュアル系の人であったとしても……。

アドバイスや助言を横におき、じっくり話を聞く。この部分は、後に触れるオープンダイアローグのプロセスとうり二つである。ただ、この後に「水子の祟り(前世の所業、悪霊……)のせいだ」と即答し、「だから御札(壺、除霊……)が必要だ」と断言すると、スピリチュアル系になる。一方、オープンダイアローグでは、その生きる苦悩をじっくり伺った上で、どうしたらよいか、をチームでモヤモヤ考え合うプロセスなので、断言も即答もしない。でも、一緒にモヤモヤ考え合う、という with-ness は持ち続ける。そんな違いがある。

そして、実存上の苦しさと医学的な客観性はどのように両立可能なのか。実際、スピリチュアル系に行きかけた経験をもとに、勅使川原さんは明快に次の様に語る。

> まずは、相手の話をとにかく聞くこと。聞くことこそが、相手にしてみれば欲しくてたまらなかった「私」に関する情報を「教えてもらった」も同然の信頼を紡ぎ出す。そのうえでなら、どこかの誰かの話である客観性、エビデンスについても、安心して聞く耳が持てる　（p233）

「相手の話を聞くこと」。医療者からすれば、話を聞くだけでは何も情報提供をしていないように感じるかもしれない。でも、心理的に追い詰められた人にとっては、他者に自分の実存上の苦しみに関心を持ってもらい、素直に尋ねられることこそが大切なのだ。それは、治療の対象ではないからと聞いてもらえなかった実存上の苦しみを、やっとのことで言語化するチャンスでもある。自分一人で考えていたら、グルグル同じところを巡って袋小路に陥っていたことも、興味をもってくれた相手の問いに答える形でお話ししているうちに、整理されることがある。そのとき、聞き手はアドバイスや批判、査定は横におき、謙虚さと好奇心をもって理解しようと相手の実存上の苦悩を聞き出す伴走者になっていくと、話す側からすれば、それだけで、実存上の苦悩が他者にも承認された、わかってもらえた喜びがある。そのような喜びは、「欲しくてたまらなかった『私』に関する情報を『教えてもらった』も同然の信頼を紡ぎ出す」のだ。

信頼関係の基本は、情報提供の前に、Just Listen! ただただ、話を聞くことにあるのだ（そうは言いつつ、妻が話を聞いて欲しい時に、ついついアドバイスをしたがる僕にとって、これは永遠の課題でもある）。

「そのうえでなら、どこかの誰かの話である客観性、エビデンスについても、安心して聞く耳が持てる」

まず遮られることなく、最後まで話を聞いてもらえる。その経験があってはじめて、自分以外の「似たような症状・状態」に陥った「どこかの誰かの話である客観性、エビデンスについても、安心して聞く耳が持てる」。逆に言えば、「安心して聞く耳が持てる」信頼関係を構築することなく、客観性やエビデンスの話をまくし立てても、実存上の苦悩に支配されている本人の耳には全く入ってこないし、下手をしたら不信感を募らせるばかりだ、というのだ。

客観性やエビデンスが無駄、なのではない。そうではなくて、実存上の苦悩を理解することなく客観性やエビデンスを振り回しても、本人に伝わらない、という意味で、客観性やエビデンスが無効化されかねないのである。

ここまで書いてきた話は、大学で出会う学生たちにも当てはまる。彼女ら彼らは、客観性やエビデンスに振り回され、雁字搦めになり、苦しんでいる。そんな学生たちの話を、ゼミや面談でゆっくり聞いていると、泣き始める学生もしばしばいる。それは、自分の実存上の苦悩が聞かれていなかったことの表れでもある。これは、学生だけに限らない。対象が社会人であっても、じっくり話をうかがっているうちに、生きる苦悩の話をされる場合もある。こちらはアドバイスも何も出来ないので、ただただ聞いているのだが、聞いている間に、自分で答えや方向性を見いだし、すっきりする人もいる。

もちろん、僕も多少なりとも何らかの知識や専門性という客観性やエビデンスを持っている（場合もある）。でも、それを振りかざす前に、まずはじっくりトコトン相手のストーリーを伺うことが大切なのだ。興味や関心をもってその人に出会い、話を聞いているうちに、方向性が見えてくることがある。聞いている私と、話している相手が、共に作り出していく方向性だったりする。それは本人にとって、自分事だし、納得しやすい。客観性やエビデンスは「説得」材料になりやすいが、実存的課題に直結していると「納得」を生み出しやすい。その両者をどううまくブレンドさせるのか、が課題であると思った。

だからこそ、冒頭の向谷地さんの発言に戻るのだ。

「精神障害を抱えて生きる人の実存に向き合わないと」

精神障害者に関わる医療や福祉現場の支援者が、どれだけ相手の実存に寄り添えているか。それ以前に、支援者が自分自身の実存的課題にどれほど向き合えているのか。それこそ、本質的な課題だと思った。


(2023/12/04)

第2章

ケアについて考える

「弱さ」を基軸とした強いつながり

岡野八代さんに『ケアの倫理――フェミニズムの政治思想』（岩波新書）をご恵贈頂く。この本は、ケアの倫理がどのように生まれてきたのか、何を主張しようとしているのか、をわかりやすく紐解きながら解説している。フェミニズムがこの半世紀の間に何を積み上げてきたか、男性中心主義に基づく「正義の倫理」には何が欠落しているのか、を丁寧にロジックで解きほぐし、フェミニズムの歴史的展開も一冊で理解できる。そういう意味で、実に濃厚で学びの深い一冊である。

他者とのつながりに気づき、そこに応答責任を見いだすケアの倫理は、客観的な公正の論理によって権利間の衝突を解決する正義の倫理に、むしろ関係性を破壊する、あるいは勝ち負けといった暴力が内在していることに注意を向ける。（p107）

僕が岡野八代さんの本を初めて読んだのは、これも名著の『フェミニズムの政治学』（みすず書房）を、ある研究グループの課題図書として読んだ時である。子どもが生まれた直後だったので、赤ちゃんをスリングに入れながら読み進めて、そのときも本当に己の価値観をえぐられるような読書体験だった。なぜなら、それまでの僕は「勝ち負け」にものすごくこだわってきたことに、気づかされたからだ。しかも、無自覚に！

子どもが生まれる以前の僕は、「業績を出さなければ評価されない」という強迫観念に囚われていた。とにかく論文を沢山書き、声がかかった講演や研修は原則断らずに引き受け続け、社会的評価を得ようと必死になってきた。認められたかった。そのためには「もっと、もっと」と自分に発破をかけてきた。そんな僕は、他者比較を徹底的に内面化し、「追いつけ追い越せ」と内心では思い続けてきた。だからこそ、同世代や自分より若い研究者が単著を出したとか、書評やインタビューなどで取り上げられているのをＳＮＳで見ては、勝手に「負けた」と思って、焦ってきた。

このことの何が問題なのか。それを考えるためには、「客観的な公正の論理によって権利間の衝突を解決する正義の倫理」そのものを問い直す必要がある。そして、子育てをしていると、それは自分事として僕自身に迫ってきた。

論文を何本書いた、講演に年間何回呼ばれた、審議会の委員をいくつしている……といった基準はすべて、数えられる（countable な）ものである。数値化出来るということは、他者と比較することが可能だ。すると、たとえば誰を教授にするか、誰に研究費を配分するか、といったことを検討する際に、「客観的な公正の論理」である「数字」は、優先順位を決める場面での判断・査定基準として、非常にわかりやすいし使いやすい。だからこそ、同業者との競争といった「権利間の衝突を解決する」ためには、「正義の論理」としての数値化データが使われやすい。ただ、数値化されたデータだけが、物事を測る基準ではない、という当たり前のことを、急ぎ付け加えておく必要もある。

そして、研究者の業績比較の競争の中では、論文の「質」より論文「数」が重視される傾向が、90年代後半以後（僕が大学院生から若手研究者になる間で）広まっていく中で、僕自身も「沢山論文を書き続けないと、生き残れない」と思い続けてきた。そして、それこそ「正義の論理」ではないけれど、研究者世界での生存戦略としては絶対的な「正解」であるとも、思い込んできた。数の比較だけが評価基準ではない、にもかかわらず。

でもこの論理を家事育児する僕にも当てはめると、お話にならない結果となる。だって、特に乳幼児期に、まともに子育てに関与していたら、生き延びるだけで精一杯。リスキリングなんてする余裕は当然ないし、本を読む時間を確保するのも、ままならない。講演とか出張も、出来るはずもない！　論文なんて、書けるはずもない!!

僕が最近一番気に入っているケアの定義は、「宅老所はいこんちょ」の代表の小林敏志さんから伺った、「ままならぬものに巻き込まれること」である。まさに、子どもが生まれてからの数年は、「ままならぬものに巻き込まれ続ける日々」であった。他方で、論文を書くためには、主体的かつ計画的に調査を実行し、先行研究の読み込みをするプロセスが必要不可欠である。投稿論文の締切を確認し、その半年とか1年前からデータをそろえて、その内容を吟味しながら、論文の売りになるポイント（何がどのように新しいのか、オモロイのか）を焦点化していくプロセスが必要だ。また、文章を書くには、まとまった時間的余裕が必要である。子どもが生まれる前の僕は、この論文執筆プロセスを内面化し、時間管理をきっちり行い、締切を守り、先の先まで読んで計画的に動くことで、一定の業績を出し続けられた。でも、子育てという「ままならぬものに巻き込まれる」と、それが絶望的に出来なくなってしまったのだ。

そうやって、赤ちゃんという「ままならない」存在と日々を過ごし、出張も講演も研修もほとんど断って家族と向き合い始めてようやく、「他者とのつながりに気づき、そこに応答責任を見いだすケアの倫理」と出会うことができた。生まれたての娘だけでなく、出産で体調がボロボロになっている妻もふくめて、二人への「応答責任」が父であり夫の僕にはある。それを果たすことによって、娘や妻とのつながり（なおし）が膨らんでいく。そういう膨らみに囲まれていると、自分が「当たり前」にしていた「業績評価主義」がぐらぐら揺らぎ始める。とはいえ、進学塾に入った中学1年生のころから30年かけて内面化してきた、そのような数値による評価の絶対主義を、簡単に手放すことができない。ケアの世界はオモロイ。でも、大学人として生き残るには、業績主義も手放せないのではないか？　そういう問いや疑問が最大化していったのだ。

ただ、そうはいっても、僕の中で疑いようのない確信が、子育て当初からあった。それは、業績主義という「正義の倫理」を手放さない限り、妻や娘との「関係性を破壊する」可能性が高いということだ。簡単に言えば、今までの仕事中心主義で生きていれば、妻や娘に早晩愛想を尽かされ、捨てられるだろう。それはゼッタイに嫌だ！　であれば、僕の生き方を変えるしかない。当時の僕には言語化出来ていなかったが、それが「正義の倫理」から「ケアの倫理」へと、自分が大切にする倫理観を変更することでもあったのだ。

そしてこの倫理観の変更は、関係性の変革にもつながる。

> 確固たる個人を前提とする契約関係は、関係性が生じる以前に決められた条件を超えることはない。対照的に、依存関係や相互連関のなかでの関係性は、予測がつかず流動的で、時に矛盾に満ちたものとなり、維持や修復、関係それ自体への注視が必要となるのだ。ある関係性のなかで、さらによりよい関係性を維持するための働きかけそのものが、また新しい関係性を作りあげてもいく、ある意味で終わりなきプロセスともいえる。
> （p151）

家族関係は「終わりなきプロセス」である。2017年に子どもが生まれて以来、僕は契約関係ではない依存関係の世界にどっぷりはまって（引きずり込まれて？）いった。娘と妻と3人の日々は、乳幼児の時期は特に、「予測がつかず流動的で、時に矛盾に満ちたもの」であった。旅行というエピソードひとつとっても、娘が中耳炎では飛行機に乗れないことに直前に気づいて旅行を取りやめ、キャンセル料を全額払ったこともある。旅行中に娘が風邪をひき、博多で楽しく散策のはずが、駅前の耳鼻科を検索して飛び込んだこともある。その後、調子が悪く日程を縮めて帰宅したため、予約していた温泉旅館の代金も吹っ飛んだ。これほどでなくても、とにかく予定通りに行かないことを見越して、余裕を持って移動をしたり、早めにキャンセル可能性を検討したり、今なら旅行保険をつけたり、とヒヤヒヤしている。

夫婦二人の時代は、お互いが自律的に動く「大人」だったので、夫婦間の対話を継続していれば、「維持や修復、関係それ自体への注視」はあまり必要がなかった。子どものいない夫婦関係は、ある種の「契約関係」で済まされていた。でも、娘というケアを必要とする存在が間に入ると、「以前に決めたことだから」は全然通用しなくなる。予定や予測はあくまでも「目安」であり、その前提が崩れても落ち込んでいては、話がはじまらない。風邪をひいた、熱が出た、嘔吐をした、ぐったりしている……。家族の体調変化を偽らざる事実と受け止めた段階で、夫婦で娘の様子を見ながら段取りを組み直し、先の予定も現状に合わせて変更し、その時点から「できる最善のこと」をするしかないのだ。

そうやって親である僕だけの意向や希望を優先することなく、娘や妻のその時々の体調やニーズに合わせながら、柔軟にダイナミックに予定を変えていく。そのことが当たり前になると、「自分の思い通りにしたい」という欲望が、ずいぶん了見の狭い欲望だとも見えてくる。それは、自分一人で完結する欲望だからである。娘と妻のご都合をすりあわせることは、一人の欲望を押し通すよりは、遙かに面倒だし、何度も変更を迫られることもしばしばある。「またかよ!」と叫びたくなったときは何度もあった。でも、そういう「終わりなきプロセス」に付き合い続ける中で、チーム家族、というか、家族としての一体感のようなものが出来てくる。

ただ、これは父の言うことに妻と娘が黙って（耐え忍んで）従う、という家父長制的なチームとは全く違う。そうではなくて、お互いがお互いの事情をケアし合い、体調や睡眠状態を確かめ合って、無理しない範囲で、みんなが楽しめる・いきいきと出来るスケジュールをその都度考えていく、というやり方である。そういう「よりよい関係性」を続けていくための終わりなき対話のプロセスこそ、ケアを中心とした世界のダイナミズムなのだ、とも、子どもが生まれてから気づくことが出来た。

そのことに気づけたとき、自分がこれまで見ないことにしていた・子どもを通じて新たに知ることが出来たのは、「勝ち負け」のような「強さ」を強迫的に追い求めるつながりとは逆の、「弱さ」を基軸としたつながりではないか、とも思い始めた。

理性を重視する伝統的な哲学に対して、脆弱性の定義に見たようにケアの倫理は、身体を具えた具体的な人間存在が前提である。そして、あらゆる身体は脆弱性を抱えているという点において、ひとは平等であり、かつ一人ひとりその心身は別個（distinctive）であるだけでなく、人間関係を含めた異なる環境に左右されやすい（vulnerable）という個別性において、唯一無二の（unique）存在であると、ケアの倫理は考える。（p246）

「あらゆる身体は脆弱性を抱えている」というのは、僕自身が「蓋をしてきた」現実でもある。実は僕だって、小さい頃からよくお腹を壊し、「またお腹壊したの！」と母親になじられるのが嫌で、親にバレないようにこっそり正露丸を飲んでいた。子どもが生まれる前から、スケジュールが詰まりすぎると、季節の変わり目に必ず風邪をひいていた。30代から抜け毛が増えて後頭部が薄くなり、40代になると手足の冷え性も深刻になってきた。30代後半から不妊治療の一環として漢方医に通うようになり、それまでの自分が身体の悲鳴に鈍感だっただけだと気づかされた。薄毛や冷え性などの様々な身体症状という形で現れているのは、己の脆弱性そのものであると、少しずつ気づき始めた。でも、この脆弱性や弱さを認めると、「勝ち負け」のロジックでは、「負け」てしまう。だからこそ、見ないように、「なかったこと」にしてきたのだ。

一方、まだ「社会化」されていない娘は、そのような隠蔽や偽装工作はしない。堂々と、自らの身体の脆弱性を、そのものとして表現してくれる。そんな娘に対して、「また風邪をひいたん?」と声を出してみて、「いや、僕自身だって風邪をしょっちゅうひいているぞ!」と気づかされるのである。そして、誰しも身体の脆弱性を捉えている、という点で、「ひとは平等」であり、「唯一無二の(unique)存在である」というのも、今なら心から頷ける。

「努力すれば報われる=努力しない限り報われない」という、日本人にはお馴染みの価値観がある。この価値観は、努力の「機会の平等」を前提にしている。だが、この前提はちょっと考えると怪しい。本人や家族の経済状況、心身の状況によって、努力の機会の平等は保障されていない。親に経済的な余裕がないと塾に通えない、自分の親や祖父母の介護やサポートをしている(ヤングケアラーの)ため自分の勉強や遊びに集中できない、など努力の前提状態が他の人と違うひとは沢山いる。そもそも親が、「勉強している(親の宗教の集会に出かける、ピアノを練習している、言いつけに黙って従っている……)ときに『だけ』愛してくれる」という条件付き愛情を子どもに注いでいる場合、その子どもにとっての「努力」は苦痛でしかない場合もある。つまり、努力する「前提」は平等ではなく、千差万別なのだ。

これが「一人ひとりその心身は別個（distinctive）であるだけでなく、人間関係を含めた異なる環境に左右されやすい（vulnerable）という個別性」であると、これも書いてみたら当たり前なのだが、不覚にも僕はこのことに、子育てをするまで気づけなかった。このような一人ひとりの質的差異を無視して、「努力すれば報われる」と思い続け、その「努力の成果」としての業績評価主義の虜になっていたのだ。そしてその数値比較の世界に心を奪われてしまうと、一人ひとりの努力の前提が違うことの背景には、それぞれのひとの「人間関係を含めた異なる環境に左右されやすい（vulnerable）という個別性」があることも、見えなくなっていたのだ。

だが、赤ちゃんをスリングに抱きながら、僕が娘から突きつけられたのは、他ならぬ目の前にいる娘の「個別性」に、お父ちゃんとして関わる僕という「個別性」がどう向き合うか、だった。そこには業績評価主義とか、他者比較とか、そういう「客観性」は必要とされてはいなかった。いま・ここ、で娘と繋がる父として、彼女とどのような関係性を結べるのか、に必死であった。そして、そのような「脆弱性」や「個別性」に基づいたケアの倫理を、おぼろげながら体感し始めたのだった。

誰だって弱さや愚かさ、もろさや脆弱性を抱えている。その環境に左右されやすい脆弱性（vulnerability）を基盤にした上で、一人ひとりの唯一無二性（uniqueness）を大切にする社会の方が、より安心が出来る社会である。では、そんな社会をどうやって作っていけばよいのか。僕は、自分が気づいた範囲で、出来ることから、身の回りからしていくしかない、と思っている。まず、虚勢をはらず、自らの脆弱性を認め、その声を聞くこと。自分の弱さを、周りの人に伝えてみること。そして、身近な他者の脆弱性をそのものとして理解しようと努めること。そのような対話的関係性からはじめるしかないと思っている。

それは機会の平等が前提とする他者比較とは違う。他者の、自分とは違う他者性を理解したいと希求すること。己の唯一無二性と出会い直すこと。それを、家庭や職場や友人関係など、色々なチャンネルではじめてみること。それがケアを基盤とした民主主義（Caring Democracy）を実現する第一歩ではないか、と信じている。

（2024/02/19）

「交換」から「使用」への価値転換

みなさんは「怠ける」という言葉にどんなイメージを持っておられるだろうか。してはいけないこと、ダメなこと……といった否定的なイメージを持ってはいないだろうか？実は資本主義ががっちりと組み込まれる以前のヨーロッパでは、今で言う「怠ける」は「楽しむ」というラベルが貼られていた、というのである。

革命期の農民たちは、実業家から見れば不規則で身勝手なリズムに従って働いていた。労働時間は天候や季節、祭りや祝祭日に左右された。生活は充足と欲求を軸とし、必要なだけ働くと、残りの時間はダンスをしたり、談笑したり、ビールを飲んだり、とにかく「楽しむ」ことに費やした。（略）

しかし、1500年代の支配階級にとっては問題だった。支配階級は農民の祭りを苦々しく思い、彼らの「勝手気ままな行動と自由」を非難した。農民の生活様式は、資本を蓄積するために必要な労働とは両立しない。必要を満たすだけの労働では到底足りない。労働は生活のすべてになる必要があった。囲い込みはこの問題をある程度解決し、農民は飢餓を恐れて互いと競いあうようになった。だが、それだけでは足りなかった。囲い込みの結果、ヨーロッパには「貧民」と「浮浪者」があふれた。土地を追われ仕事を失った人々や、新たに誕生した資本主義的な農場や工場の過酷な環境で働くことを拒否した人々だ。彼らは物乞いや行商をしたり、食物を盗んだりして生き延びた。

この状況はおよそ3世紀にわたって、ヨーロッパ諸国の政府を悩ませた。増える一方の下層階級が政治的脅威になるのでは、という支配階級の恐れを和らげるために、国は労働を強制する法律を導入しは始めた。1531年、イングランド王ヘンリー8世は最初の「浮浪者取締法」を制定し、「怠惰」を「あらゆる悪徳の根源」と呼び、浮浪者を拘束し、鞭打ち、強制的に「労働に従事」させることを命じた。

（ジェイソン・ヒッケル著『資本主義の次に来る世界』東洋経済新報社、p78-79）

真面目に仕事をせずに、サボること、怠けることはダメなことだ。これを僕は40代途中まで、ごく当たり前のように受け入れていた。ただ、四半世紀くらい、精神障害のある人への支援を考えてきたので、真面目に仕事をし過ぎて病気になる人のことも知っていた。

だからこそ、後にご紹介する「浦河べてるの家」が大切にしている「安心してサボれる職場づくり」という理念にも共感していた。

でも、自分自身はどうか、と言われると、子どもが生まれる以前は、生産性至上主義や能力主義を深くふかく内面化していて、なかなかサボれないし、予定をガンガン詰め込むし、そして季節の変わり目には身体が悲鳴を上げて風邪を引くし、ということを繰り返してきた。そして、このような働き方を、僕はこれまで「自分自身で選んできた」と思い込んでいた。でも、それって資本家が求める価値観に自発的に奴隷のように従う「自発的隷従」状態だったのだ、と、この文章を読んでいて、改めて気づかされてしまう。

姫路に引っ越してきてびっくりするのは、秋祭りや御神輿をガッツリ継承していることである。うちの校区はそれでも日曜日にしてくれるが、喧嘩祭で有名な地区に行くと、開催日は今でも日にちが決まっていて、平日なら学校も休みになる、という。そういう慣習を、僕自身は正直に言えば、「そんなしがらみは面倒だなぁ」と思って、遠巻きに眺めていた。だが、ヒッケルさんのこの部分に当てはめるなら、秋祭りのために仕事を休むというのは、「必要なだけ働くと、残りの時間はダンスをしたり、談笑したり、ビールを飲んだり、とにかく『楽しむ』ことに費やし」す論理そのものなのだ。そして、それに距離を置いて、面倒くさいなぁ、と思っている僕自身は、「農民の祭りを苦々しく思い、彼らの『勝手気ままな行動と自由』を非難」する支配階級の目線を内在化している。しかも、僕は支配階級ではない、大学教員という一労働者である。にもかかわらず、支配階級の論理を無自覚無意識に内面化し、お祭りのために休みをとるのを、遠巻きに眺めている時点で、全然楽しめていないのである。

それは「飢餓を恐れて互いと競いあうようになった」、つまりは「労働は生活のすべてにな」った人の論理である。仕事をもっともっとと詰め込んでしまう時点で、「必要を満たすだけの労働では到底足りない」と思い込んでいる。しかもそれは、資本家の本源的蓄積に手を貸しているのである。『『怠惰』を『あらゆる悪徳の根源』』とする認識を自分自身も持っていた。支配者がアンコントローラブルな労働者を支配するための、支配枠組みである。だが、それは、それを深く内面化している、というのは、「望ましい被支配者」という「体制や世間にとって『都合のよい子』」に見事になっていたのである。あな、恐ろしや！

そして、この本はある種の人々を恐ろしがらせる提案をしている。経済成長やＧＤＰの増大は、資本主義を発展させるためには必要だが、気候変動の抑止や人間的な生活には真逆の影響を与えている。だから、「脱成長」が必要だ、というのだ。さらには、「脱成長」を実現するための方法をいくつかのステップで示している。その最初として、「計画的陳腐化を終わらせる」（p212）ことが大切だと説く。

Apple の成長戦略は「１・使い始めてから数年経つと、動作が遅すぎて役に立たなくなる。2・修理は不可能か、あり得ないほど高額。3・広告キャンペーンによって、自分が使っている製品は時代遅れだと人々に思わせる」という三つから成り立っているという。僕は割と長く携帯端末を使い続けるが、学生さんたちが新機種にどんどん買い換えている姿を見ていると、それでお金はもつのだろうか、と思うときもある。あと、ノートパソコンやプリンター、他の電化製品でも、壊れても修理代が高いから、新機種を買った方が早い、というのがこの10年ほどの当たり前になっている。でも、それは「計画的陳腐化」だと筆者は指摘する。

毎年のように出る新製品をどんどん買い続けてくれた方が、儲けにつながる。だから、数年で壊れる製品を作れば、売り上げがあがる。本来なら、故障しない製品とか、修理したら使い続けられる製品を作ることも出来るが、それでは売り上げと資本家の利益が向上しないので、計画的に壊れやすく作る＝陳腐化する、という論理に陥っているのである。それに対して筆者は「保証期間の延長を政府が義務づける」「修理する権利を保護する」ということを提案している。すると、現在の何倍も電化製品が長持ちし、消費量や廃棄物の処理量は大幅に削減される、というのだ。また、労働時間の短縮に関する提案もしている。

労働時間短縮の最も重要な影響は、それによって人々がより多くの時間を「ケア」、すなわち、家族の看病、子供との遊び、森林の復元の手助けといったことに費やせるようになることだろう。この必要不可欠な労働は、通常、大半を女性が担っており、資本主義のもとでは無視されている。経済活動の外に置かれ、無報酬で、目に見えず、GDPの数字にも反映されない。しかし脱成長すれば、労働力を本当に重要なこと——真に使用価値のあるもの——に再分配できるようになる。ケアは、社会とエコロジーの幸福に直接貢献する。ケアを行うことは、幸福感や意義の向上という点では、物質的な消費より強力であり、爆買いしている時のドーパミンよりはるかに強い幸福感をもたらす。（p227）

この部分に深く頷く。夫婦とも週40時間働いて、毎日残業を2、3時間していたら、50時間近い労働時間になる。それで、子どもを育てるのは、かなりしんどい。「保育園落ちた、日本死ね」は２０１６年だったが、その後、保育園の待機児童問題はかなり対策が進んだ。最近では小学校の学童の待機児童問題が大きく取り上げられている。基本的に、共働きには賛成だが、待機児童問題に関しては、僕はモヤモヤしている。労働時間がそもそも長すぎる問題こそを「問題化」しなくてよいのか、と。

20年ほど前、スウェーデンに半年間在外研究で暮らしていた時、朝7時頃、学校に子どもを送っていくお父さん、お母さんをよく見かけた。そして、朝早くから仕事をするが、午後４時頃には皆さん仕事を切り上げて、子どもを迎えに行き、夕方を家で過ごしていた。

つまり、男性も女性も当たり前のように働くが、お互いが週36時間労働で、仕事以外のケアにも従事できる余裕があるのだ。

これは北欧に限った話ではない。同一賃金同一労働が徹底しているオランダでも、子どもが小さい間は、男性が一日9時間×週四日勤務でフルタイム労働をして、週一日は「パパが子どもの面倒を見る平日」を作り、女性が週三日の短時間勤務をして平日週二日面倒を見て、保育園には週二日だけ預ける、などと柔軟な働き方をしていた（これは男性と女性が逆でももちろんアリだ）。こういう勤務形態が認められるなら、労働時間を短縮することで、ゆっくり子どもに関わることができる。子どもが小さい間は、夫婦のどちらかが週三日勤務でも、給与や社会保障がしっかりしていて、また昇進可能性も閉ざされないなら、その働き方を選ぶ人だっているはずだ。

それと対比すると、やっぱり日本人は働き過ぎ・働かせ過ぎだと改めて思う。そしてその論理は、「『怠惰』を『あらゆる悪徳の根源』と呼び、浮浪者を拘束し、鞭打ち、強制的に『労働に従事』させることを命じた」浮浪者取締法の内面化そのもの、なのだ。そんなに自分で自分を取り締まらなくてもいいじゃないか、と今なら思えるが、それに気づかせてもらったきっかけも、子育てだった。

僕自身は子どもをケアするようになって、賃金が支払われず、GDPにも換算されない「不払い労働」であるケアの豊かさを感じている。子どもとの関わりの中で、僕自身の人生経験は確実に増えたし、僕自身の視野の狭さとか、器の小ささにも気づかされた。でも、こういった娘や妻との関わりの中で気づけた貴重な経験を、「社会的再生産」という形で、生産労働の枠組みの中に組み込んでしまうとか、その付随物にしてしまうのは、もったいないと思っている。

無償のケア労働には、お金を生み出す「交換価値」はない。利潤という「交換価値」を最も生み出すのは、デリバティブなどの投機の相場師だ。一方、人間の必要を満たす有用性としての「使用価値」は、ケアにおいては最大化される。娘が風邪をひいたとき、親が仕事を休んで娘と一緒に時間を過ごすこと自体が、娘の必要を満たす有用性になっているのである。娘と一緒に時間を過ごしても、「一銭の儲けにもならない」けれども、他の何とも交換不能な娘との関係性の深まりには、直結している。

資本主義が追求するのは「お金」という「交換価値」であり、「娘のケアをする」といった「使用価値」は「お金」という「交換価値」を生み出すための付随物として、矮小化されている。でも、人間的な生き方とは、人間の必要を満たす有用性の中にこそ、すごく沢山含まれている。それは、家族内に限らない。職場においても、誰かの役に立つ、という使用価値が発揮されての、チームとしての仕事が基本になっている現場が多い。そして、そのような使用価値を提供することによって、それへの感謝というか、適切な返礼としての交換価値（対価としてのお金）をもらう方が、働きがいがあるのだ。「この職場であなたがいてくれて助かった」「一緒に働いてくれて、ありがたい！」といった使用価値に基づく働き方だと、遙かにやりがいがある。（とはいえ、その使用価値のみを称揚し、適切な交換価値＝対価を支払わなければ、やりがい搾取につながるのだが）。

生成ＡＩによって、仕事が奪われる、だから必死になって仕事の争奪戦に参加し、夜中まで働き続けて弱肉強食をサバイブしようと考えるのか。仕事が自動化されるなら、徹底的にそれをみんなでシェアし、総労働時間を減らし、より多くの時間を職場や家庭での他者へのケアという使用価値に費やせるように社会の仕組みを変えようとするのか。僕は後者のほうが、遙かに生きやすい世の中ではないか、と感じている。

自分自身の生活を見直したときに、労働時間をいかに減らし、自分や他者へのケアの時間をどれだけ取り戻せるか、自分の時間や場所を囲い込まずにいかに他者とシェア出来るか、を考えた方が、豊かに暮らせるように感じる。そして、そういう形で交換価値至上主義から距離を取り、馬車馬のように働く生き方とは違うあり方を模索することで、「お互いさま」や生命とのつながりを回復するのだと思う。

僕たちは、資本主義のために生きているのではない。経済もお金も、あくまでも手段だ。飽くなき交換価値の追求に身も心も取り込まれるのではなく、使用価値が大切にされる世界を、自分や自分の大切な人々の間にどれだけ作り出せるか。これは、僕自身に問われている生き方の問い直しだし、やる価値のある社会実験だと思う。

（2023/11/23）

ケアの世界は「巻き込まれてなんぼ」

先日、精神科医の高木俊介さんのクリニックで、生活リハビリの大家である三好春樹さんや宅老所はいこんちょの小林敏志さんとの鼎談があった。僕はたまたまの流れで、司会をさせて頂き、すごく色々考えさせられた。その中でも、小林さんがぼそっとおっしゃったことをフックにして考えたい。

「介護は受け身。自分たちは○○がやりたい、というのがない。能動的でなく受動的な人の方が介護は向いている」

僕は結構この言葉がずしりときた。なぜなら、僕は小林さんと真逆のタイプだったからだ。「○○がやりたい」とあれこれ画策し、能動的に自分から動きまくって人生を切り開いてきた（と思い込んできた）。そして、この構えは、「介護やケアには向いていない」のである。まさに、その通り！ 今なら、よくわかる。子どもが生まれて以来、苦しんできたのは、まさにこの受動性だった。

娘は全く思い通りにならない。こちらの想定は、見事になぎ倒される。

金曜は夜9時まで京都で鼎談があり、その後の懇親会はビール一杯だけ参加して、早々に新幹線に駆け込み姫路に帰る。翌土曜日の夜は奈良でトークイベントがあったので、京都の実家に宿泊という選択肢もあった。ただ、娘を祖父母のところに連れて行きたい&妻をワンオペから解放したい、とも思い、金曜夜は一度帰宅しようと思ったのだ。さらに言うと、午前中は最近行けていない合気道のお稽古に住吉まで行ってから、午後娘を連れ出そう、とか、あれこれ画策していた。だが……。

土曜の朝、起きると娘の咳がひどい。聞くと、昨晩は何度も起きたので、妻もふらふらでイライラがマックス。そんな中で、僕だけ趣味で出かけてきます、なんてとても言えない。そもそも夜のイベントは、新刊『ケアしケアされ、生きていく』を巡るイベント。なのに僕が、実生活では子どもや妻のケアより遊びを優先していては、なんたる言行不一致！　そうはいっても今日こそ久しぶりに合気道に行けると朝6時に目覚めたのに……。こちらのイライラや葛藤も最大化しつつも、合気道より大切なのは家庭の平和、と思い直して、予定を取りやめ、家事をしていた。

ことほどさように、娘との暮らしの中では、ＰＤＣＡサイクルとかリスクヘッジとか、コストパフォーマンスとか計画制御とか、生産性至上主義の言語は見事になぎ倒されていく。6歳の娘は、野性がまだ残っている。自己管理が自分で出来ない、という意味で、ケアが必要な状態である。また、自分で心身のコントロールが十分に出来ないからこそ、しょっちゅう風邪をぶり返す。感情に波がある。というか、子どもってそういう存在なのである。それは、十分に社会化されていない、という意味で、未熟かもしれない。でも、認知症のお年寄りと同じで、自分で自分を制御しきれないからこそ、他者のケアが必要なのだ。そして、自分で自分の制御が十分に出来ない人に対して、他者が「指示」や「支配」「制御」しようとしても、思い通りにいかないことだらけだ。振り回されるしかない。つまり、能動的というより、受動的な姿勢が、ケアの構えなのだ。

僕は、元々予定していた土曜のスケジュールに代表されるように、空いている時間に、仕事も余暇も徹底的に詰め込む、生産性至上主義の塊のような生き方をしてきた。子どもが生まれて6年間、そこからだいぶ切り離されていたが、今年娘が小学校に入って、ちょっと昔の悪い癖が戻りつつあり、10月から12月まで繁忙期ということもあって、ああやって予定を詰め込んだ。でも、そんな父のことなどお構いなしに、娘は僕の想定や予定をなぎ倒してくださる。「○○したい」という能動的な構えの僕は、娘の体調不良を前に、思い通りにいかず、イライラが募りかける。だが、そんな娘のケアに振り回されることによって、僕の能動性が弱まり、娘と共に居る時間を取り戻す。

ケアって、巻き込まれてなんぼ、なのだ。そして、それは、リスクやコスト、ＰＤＣＡや生産性とは真逆の発想である。

自分で業務管理が出来る範囲内なら、その生産性を上げるのは、コツコツ努力をすればよい。僕が30歳で大学教員になった後の5、6年、仕事の効率化とか生産性を上げる方法、などの自己啓発系の書籍を何十冊も読みまくってきた。そうやって、原稿を書くのは早くなったし、仕事の効率は徹底的に良くなった。だが、それは自分が想定できる、自分で自己完結できる仕事の範囲内で、という限定が付く。

子どもが生まれたあと、子どもは全く思い通りにならない存在だ、という当たり前の事実に気づいて、愕然とさせられる。想定外の娘の行動に振り回され、こちらがあらかじめ見積もった時間がどんどん奪われていく。振り回される。主体的で能動的で自己決定に基づいて成果主義的に動く、なんて技法は全く通用しない。事態は流動的だし、少し先のことでも予測不能だし、娘の状態を観察しながら、出来そうな範囲で動き、それも無理ならその時点で柔軟に予定を変えて……と、娘の主体性を尊重しながら動く必要がある。

そういう「ままならないこと」に身を任せながら、改めて気づくのだ。いかに僕は想定内で計画制御的に生きるよう、自分自身に強いてきたのか、と。「努力すれば報われる」という論理を内面化し、「報われるためには、努力し続けなければならない」と論理を転倒して、強迫観念的に働き詰めてきた。一定の成果があっても、通過点に過ぎず、もっともっともっと……とせき立てられるように、次の戦略なり計画なり目標達成に向けて、さらに能動的で主体的に動くよう、自分を追い込んできた。

だからこそ、ままならない娘に振り回されると、そうやって能動的で主体的に自分を追い込んできた、自分の強迫観念のようなものが、少し緩むのである。それと共に、生産性至上主義の論理の隙間に、ケアの論理、という別の合理性が入り込む余地が生まれてくる。

客観的で科学的な情報に基づいて出来る限り予想をし、リスクを分散し、費用対効果を最大化するように動く。これは生産性至上主義の合理性である。でも、野性の娘が、いつ風邪をひくか、嘔吐するか、鼻血を出すか、は予想不能である。娘と外に出るときは、いつどうなってもよいように、嘔吐袋とティッシュを多めに持参することは出来ても、それでリスク分散とはならない。そもそも、子育てのコストや手間、リスクを考えたら、子育ては費用対効果が不明だし、想定できる範囲での費用対効果を高めたいなら、子どもを産まない方が良い。でも、それは生産性至上主義の論理の範囲内では、である。

「ケアの論理」という別の合理性で考えると、全然違ってみえてくる。ままならない娘に巻き込まれながら、「思い通りにする」とか「巻き込まれない」というのは、自己と他者を切り離し、他者や自分を支配統制し、無理を自他に押し付ける思想だと改めて気づく。娘が親の言うことを簡単に聞いてくれない時、親が無理矢理子どもに押し付けようとしている生産性至上主義の論理を、娘は命がけで拒否しようとしている。そう捉えると、同じ現象なのに、全く別の世界が見えてくる。父ちゃんは、実は恐ろしいアイデアを娘に押し付けているのではないか、と。

『枠組み外しの旅——「個性化」が変える福祉社会』（青灯社）とか『「当たり前」をひっくり返す——バザーリア・ニィリエ・フレイレが奏でた「革命」』（現代書館）というタイトルの本を書いてきた割に、子育てというケアの当事者として、いまだに社会規範の「枠」や「当たり前」に囚われている。子育てにおいては、「ままならなさ」と主体性、「巻き込まれること」と能動性、の狭間で身もだえしている。だが、他ならぬ娘の子育てに関わることにより、主体性や能動性で切り落としてきた大切な何かを取り戻しはじめている。そしてそれは、社会規範の「枠」や「当たり前」の呪縛に心身ともに囚われること（魂の植民地化）からの解放という意味で、僕自身の魂の脱植民地化の大切なプロセスなのかもしれない。

（2023/12/10）

「無力さ」でつながり直す面白さ

僕の師匠はジャーナリストの大熊一夫さんである。彼が朝日新聞記者だった1970年に、酔っ払って「アル中患者」のフリをして精神病院に潜入し、『ルポ・精神病棟』という記事（後に書籍化された）を書いて以来、半世紀にわたって精神病院の構造的問題を追いかけてきた。僕が大学院生になるときに、彼が大阪大学教授に着任し、以来四半世紀にわたって弟子入りしてきた。そんな師匠が、以前から懇意にしている「浦河べてるの家」のソーシャルワーカー向谷地生良さんと、ひがし町診療所の川村敏明医師にインタビューするという。ふたりは、「当事者研究」など世界的にも画期的な精神障害者支援を行う「浦河べてるの家」を二人三脚で引っ張ってきた立役者である。僕も以前、師匠にくっついて浦河に出かけたことがあるが、もう20年近くご無沙汰している。これは是非とも話を伺いたいと師匠にお願いして、日程を調整していただき、二泊三日という凝縮した期間に、奇跡的にお二人にお目にかかることが出来た。

向谷地さんと川村さんの支援の原体験に、アルコール依存症の回復者から学んだ「無力」がある。医者やソーシャルワーカーの「初心者」の時代に、二人は依存症患者の治療や支援に関わり、治療者が一方的に「治す」ことができないことを思い知らされた。依存症患者は、病院の中ではアルコールを断っても、退院したらまた飲んで、元の木阿弥になることが少なくない。病院内で治療が出来た、と思っても、退院後にまた同じ悪循環に戻るなら、それは治療や支援としての敗北であり、支援者の「無力」である。

ただ、二人はそこでは終わらなかった。

依存症でも統合失調症でも、支援者が一方的に「治す」「支える」ことは出来ない。なぜならば、アルコールや薬物依存でも、統合失調症やうつ病でも、発症に至るには、最大化した「生きる苦悩」がある。その「生きる苦悩」にご本人と共に関わることが出来なければ、「生きる苦悩」は減らないし、病状が落ち着いても不安や心配ごとが減らないと、再び眠れなかったり、依存に陥ったりしてしまう。そういう意味では、支援者が単独で出来ることには限界がある。

だが、いったん「依存症」「精神病」などとラベルが貼られると、本人の言動がすべて「病気のせい」とされてしまう。それによって、生きる苦悩を抱えた生活主体者としての本人の責任が免責され、「責任を果たす能力のない人」と馬鹿にされたり蔑まれたりする。そして、「責任を果たす能力のない」患者に対して、「治療」や「援助」を通じて支える存在としての医者や支援者が対置される。これは、医者や支援者に圧倒的な権力と責任が集中し、患者との間で、支配―被支配関係に陥る、ということである。このような非対称な関係だと、患者はますます医者や支援者に依存的になる。

「責任を果たす能力のない人」＝「無能力な人」と患者にラベルが貼られるということは、それと対置する医者が「全能な人」と位置づけられることでもある。だが、当たり前のように、神様でもない限り、全能な人、などこの世に存在しない。また、日本の精神医療の現場ではしばしば「縛る・閉じ込める・薬漬けにする」が行われる。それで精神症状が治まったとしても、「生きる苦悩」は減らない。すると、患者からは「全能な人」であると期待されているのに、医者は「生きる苦悩」を減らすことが出来ず、期待外れとなってしまう。

だからこそ、川村さんは「治さない医者」を標榜する。彼はそれを「さわやかな期待外れ」とも語っていた。

以前、退院した生活保護の患者さんが、保護費が支給された一週間後に、お金を使い果たした状態になって、「入院させてほしい」と浦河赤十字病院の精神科にやってきた。そして、入院して、三食しっかり食べて、よく眠れて、看護師さんから丁寧にケアをされて、退院していった。でも、また再入院していく。それは、本当に病気ゆえの入院なのか、単なる「金欠病」という「生きる苦悩」や生活課題なのか。

従来、本人も治療者も、病気ゆえの入院だと思い込んでいた。でも、同じ悪循環を繰り返す当事者を、川村さんはある時期から、突き放すようになった。病気なら治療はするけど、生活課題については治療してもなんとかならない。お金の使い方がうまくコントロールできずに再入院するなら、そのような失敗経験を持つ仲間と相談して、生活力を高めた方がよいのではないか。その提案は、医師に対する「さわやかな期待外れ」を患者にもたらした。医者がアテにならないなら、自分たちで話し合うしかない。そこから、浦河べてるの家を国内のみならず世界的に有名にした「当事者研究」の話につながっていく。

そしてソーシャルワーカーの向谷地さんに話を伺って改めて感じたのは、「当事者研究」は、「問題の外在化（人と問題をわけて考える）」「苦労の経験当事者性を活かす」「無力さを認める」という三つのポイントがあることだ。

まず、最後の「無力」について、向谷地さんは「無力」と「無能」は違うし、ごちゃ混ぜにしてはならない、と語る。これは結構大切なポイントだと思う。医療者は、患者から自分の苦悩を解決してくれる全能者のように、期待される。でも実際のところ、眠れないとかそわそわするといった症状は薬で治まっても、生きる苦悩は消え去らない。そして、生きる苦悩が残存している限り、その対処方法がわかっていないと、問題は再発する。すると、「治療者・支援者が関わっても治せないんだ」という絶望感が広まる。そこで大切なのは、自分のアプローチが相手には通じない、という意味で、「無力であること」を認めることだ。だが、これは「無能」とは違う、と向谷地さんはいう。

「無能」とは、自分には能力や才能がないと自己否定や自己卑下をすることである。一方、「無力」とは、これまでの自分のアプローチでは上手く関われないという「非力さ」を認めることである。多くの支援者は、患者を治せない・上手く関われないという事実に直面することを、「無力」ではなく「無能」だと感じてしまうがゆえに、それを認めようとしない。それだけでなく、自分を「無能」に思わせそうな「治らない患者」を見下し、自分の治療の不全を相手の個人的問題に矮小化したり、対象者を馬鹿にする治療者までいる。

でも、向谷地さんも川村さんも「無能」ではなく、「有能」である。ただ、彼らは、医療やソーシャルワークの既存のありようでは、生きる苦悩を抱えている人の前では、「無力だ」と気づき、自らのアプローチを変えた。これができるのは「有能」な証拠であり、すごみのあるところだ。

この際の「無力さを認める」とは、今のやり方や課題の捉え方では上手くいかない・解決できない、と認めることである。一見すると、「無能」と近いようだが、全く違う。物事に対処する能力が現時点ではない、という意味では、「無能」と「無力」は似ている。でも、「無力」というのは、能力の使い方や認識を根本的に変える、ということである。たとえば弱肉強食の上昇志向で生きてきた人が、精神疾患に陥り、それまでの能力主義的価値前提でうまくいかなくなった、とする。そのときに、自らの従来の価値前提を一端脇に置き、「降りていく人生」という、勝ち負けを競わない、別の世界を模索することが出来るか。そのために、これまでの価値前提で生きる自分は「無力だ」と認めることができるか。それが問われているのである。

……と、ここまで書いてきたとき、あ、これって子どもが生まれた後に、家事育児に翻弄されていて、「戦線離脱だ」と当時の僕が感じた、あのときの感覚に似ていると気づいた。そう、それまで業績主義でしゃにむに出張も詰め込んでいた自分が、赤ちゃんの世話に忙殺され、「今日一日何にも出来なかった……」とつぶやいたとき、妻に「そんなことないよ。家事や育児を立派にしているやん」と指摘され、ハッと気づかされたことがある。それは、生産性至上主義で求められる価値基準の中で、何も出来ていなかったことを悔やむ僕がいたことである。それほどまでに、能力主義的な価値観を深く内在化していたので、子育てをし始めて、これまでの価値基準においては何も出来ない自分が「無力だ」と感じたのだ。

でも、ありがたいことに、僕はそこから、子育てやケアの「当事者研究」を始めたのかもしれない。どうして家事育児しかしていない時期を「戦線離脱」と表現してしまうのか、なぜ僕はこれほどまでに生産性至上主義に陥っているのか。この問いを考えた時に、「人と問題をわける」という外在化は本当に役に立った。僕が子育てを始めて苦しい思いをしたとき、それは僕が「無能」だったのではない。そうではなくて、これまでの価値前提で子育てにコミットすると「無力」だということに気づいたのだ。そこから、仕事が出来ないだけで僕を「無能」だと思わせるこの社会の価値基準と一体何なのか、を「人と問題をわけて」考え始めた。それは、男性中心主義で回るこの社会の論理のおかしさや課題を、そのものとして見つめ直すことでもあった。

そして、生産性至上主義を内面化しながらケアに関わる苦労の経験当事者として、その問題を原稿に書いて外在化しながら考えてきた。最初はどう書いてよいかわからず、足かけ2年かけて考え続けてきた、ケアと家族と男性中心社会に関する当事者研究が、2022年には『家族は他人、じゃあどうする?』として書籍化されたし、その当事者研究の延長線上に、「昭和98年的世界」の生きづらさを整理した作品として、2023年には『ケアしケアされ、生きていく』という本も出せた。この2冊が、子育て以前に書き上げた本とテイストが違うのは、それは僕自身の「当事者研究」が全面に出た本だから。そういう意味で、僕自身も、己の生活課題の中で「無力」を認めることが、最大の危機でもあり、生きづらさを越えていくための大きなきっかけにもなったのだ。

もちろん、子育てに関しては、これからもモヤモヤするし、より主体性を発揮し始める娘とぶつかることも出てくるだろう。そのたびに、何度もなんども、僕自身は「無力さ」を味わうだろう。でも、そのたびに、先輩や仲間の子育て経験当事者と語り合えばよいのだ。唯一の正しい「正解」はないからこそ、モヤモヤ対話を続け、お互いの悪循環からの脱し方を学びながら、僕自身も娘や妻とよりよい関係を築くための模索をし続けていけばよいのだ。

そう思ったとき、当事者研究は、以前に比べてずっとぐっと自分事として響いてきた。当事者研究は、日本の閉塞した精神医療や、地域資源のなさを乗り越えて、地域の中で支え合う大きな可能性であり続ける。だが、それだけではない。より多くの人が、生きる苦悩を前に自分は無能だと感じ、自己肯定感を粉々に砕いている現状を変えうるヒントを与えてくれている。人と問題を区別することで、問題を外在化し、他の経験当事者と考え合うことで、「安心して絶望できる人生」の可能性に開かれているのだ。

これはほんまにオモロイ展開だと改めて感じた。

（2023/12/02）

「決められた道」の外にある想像・創造力

三好春樹さんといえば、介護業界で知らない人はモグリ、なほどのレジェンドで、著作も沢山出しておられる。『関係障害論――老人を縛らないために』（雲母書房）とか気になる何冊かは買い求めたけど、積ん読だった。だが、ふと思い立って、中高生向けに書かれたちくまプリマー新書『介護のススメ！希望と創造の老人ケア入門』を読んだら、これが面白い。すいません、読まずギライ、しておりました。ものすごくロジカルで、見通しが良い本である。

介護の「介」は、この媒介の「介」なのです。つまり、「他のもの（＝介護者）を通して、あるもの（＝主体としての老人）を存在せしめること」、これが介護です。

老人が自分の身体と人生の主人公になるために、私たちが自分を媒介にする、つまりきっかけにすることです。

老人が主体、私たちは老人にとっての手すりや杖なのです。でも単なる杖ではありませんね。パスカルの名言をもじりました。「介護者は考える杖である」。（p198）

介護者を通して、主体としての老人を存在せしめる。つまり、ご本人が自分の身体や人生の主人公であることを、認知症や虚弱などで失いつつある・奪われているときに、介護者が媒介として機能し、介護者を手すりや杖として用いることにより、老人が主体性を回復する。そのための介護だ、というのは、心からの納得である。

この媒介者としての有り様は、高齢者介護に限らない。障害者や子どものケアにおいても、ケアを担う側が媒介者になることにより、相手が「自分の身体と人生の主人公」になれるようなサポートを行うことができる。子どもと一緒に遊ぶのも、子どもが宿題をするのを見守るのも、子どもの主体性を引き出す媒介者の役割なのだ。

その上で、徘徊や暴力行為、大声で叫ぶなどの「問題行動」についても、「考える杖」として、別の視点を差し出す。

認知症の人は、体の中からの不快感ばかりがあって、その理由がわからない。不安だから眠れない、徘徊する、そして藤田ヨシさんのような寝たきりの人は、徘徊する代わりに大声で歌う、叫ぶんでしょう。（略）

そうすると私たちが「問題行動」と呼び、「ＢＰＳＤ」なんて言い換えてきたものは、認知症老人が体の不調を私たちに訴えているものだということになります。つまり「便秘に気がついていない介護によって引き起こされた行動」ということになります。
「問題行動」、つまり藤田ヨシさんの「歌」、叫び、幻覚めいた訴えは、私たちへの非言語コミュニケーションだったんだ。だとしたなら、こうした「問題行動」を薬で抑え、おとなしくさせようというのは、二重の意味で間違っていることになります。

（p148-149）

徘徊する、大声で歌う、叫ぶ。注意をしても、制止をしても、その行為が止まらない。このような状況を、業界用語では「問題行動」「困難事例」と言う。本人に問題があり、本人が抱える困難だ、という「問題の個人化」のラベリングである。
そういった現象を、三好さんは「問題介護によって生じた老人の行動」（p140）と読み替える。ご本人にとっては、「体の中からの不快感ばかりがあって、その理由がわからない。不安だから眠れない、徘徊する」という内在的論理がある。歩けない人なら、大声で歌う。これらを反社会的・逸脱行動で認知症の周辺症状（ＢＰＳＤ）だからと「わかったふり」をしても、ご本人の身体と人生を取り戻す介護や支援にはつながらない。薬物を投与して強制的に行動の鎮静化をすることは出来るが、それは「薬物による拘束」である。薬を不適切に使用しても、本人の主体性を引き出す結果にはつながらない。これらの言動の背景を分析した上で、「『歌』、叫び、幻覚めいた訴えは、私たちへの非言語コミュニケーションだった」と気づき、何を伝えたかったたか、を克明に見ていく。すると、藤田さんの場合は、便秘の時に大声で歌うことが見えてきた。であれば、ポータブルトイレでの排泄支援をすると、声は出さなくなったそうだ。

ただ、今の老人ケアだけでなく、少なからぬ精神病院でも行われているのは、このような非言語な訴えを理解しようという「考える杖」とは真逆の営みである。それは、「こうした『問題行動』を薬で抑え、おとなしくさせよう」という抑圧的支配の論理である。これが、医学的なもっともらしさ、で正当化される。確かに、大声や徘徊はそれで止まるかもしれない。でも、本人の身体と人生は「薬漬け」の被害を受け、副作用が残る場合もある。周囲にとってはケアが楽になるかもしれないが、本人の尊厳はズタズタになるのだ。

なぜ、こういう重要なことに医者は気づけず、三好さんは気づけたのか。それは、彼が「道を外れた」経歴の持ち主だったからかも、しれない。

早熟だった高校生の三好さんは、学生運動にコミットして高校を退学処分。中高一貫校でいい大学を出て良い会社に入って出世して定年、という理想的世界から10代にしてドロップアウトして、トラック運転手などを経て、介護の世界にたどり着く。そこで、「望ましいレール」なるものが、胡散臭いことに気づくのだ。

老人たちの人生を知れば知るほど、「決められた道」なんてないんだと思うようになるのです。

人生はみんなバラバラ。ここで暮らしている一人一人もじつに個性的ですが、ここに至る過程も個性的。一人一人が波乱万丈、すごいエピソードがあるんです。（略）

そう思うと私は気分がスッと楽になりました。道を外れてしまったことを悔やむ気持ちもなくなりましたし、逆に、元の道に戻ってやるものかといった気負いもなくなったのです。「道」に拘る必要なんかないんですから。

（p68-70）

今の学生を見ていても、「決められた道」を固く信じて、そこから外れることを極端に恐れ、気乗りがしなくても、理不尽に思っても、黙って従っている学生が沢山いる。三好さんは、その理不尽さに異を唱え、我慢せずに声を上げ・行動して、高校を退学処分になり、良い大学・良い会社に行くという中高一貫校の標準的ルートから決定的に外れた。でも、波乱万丈の人生を経た個性的な老人と出会い、「決められた道」の幻想というか、うさんくささに気づいてしまう。それよりも、自分の「個性」を活かすことのほうが意味や価値があると腹をくくる。それまで「道を外れてしまったことを悔やむ気持ち」を持っていたが、『道』に拘る必要なんかない」と。

このフレーズを読みながら、「決められた道」を「標準化・秩序化された支援」と言い換えてみたくなる。教科書を読んで、標準的な知識や正解を先に暗記してから、介護や医療、福祉に携わるようになると、この「決められた道」＝正解を外れることはしにくい。でも、一人ひとりの人生に関わる介護現場において、標準的な介護なるものはない。波乱万丈の人生を経た、個性的なご本人が、身体的な状態との相互作用の中で、どのようなしんどさがあるのか、便秘やうつ症状など様々なつらさをどんな風に表現しているのか。そういう個別の事情を、その人と向き合いながら、共に探すしかない。「決められた道」から外れた人を「縛る・閉じ込める・薬漬けにする」のではなく、その人がいかなる理由で「決められた道」から外れたのかをアセスメントする、それが標準化・秩序化された支援を超えた、個別支援なのだと、この部分を拝読して改めて感じた。

彼が理学療法士としての勉強をし始めたのは、老人介護をはじめ、28歳の時に大検をとった後だった。これも実は大事なポイントのように思う。彼は、元々勉強ギライだったが、この専門学校の勉強は面白かった、と語る。

学校で教わることが、みんな、老人の顔と名前に結びつくんです。ある病気について教わると、その病名のついていた入所者が頭に浮かびます。そうすると、その人が訴えていたことの意味がわかってきたり、自分が病気についての知識がなかったために、見当外れの対応をしていたことを反省したりするのです。

もちろん出会ったことのない病気や障害についても学びますが、生活場面を体験しているので、そんな人には入浴ケアで何を気をつけるべきか、食事ケアでは、と想像を働かせながら勉強できるのです。

ここでは勉強は試験のための暗記術ではなくて、いい介護をするための武器を手に入れることなんです。

(p72-73)


強いて勉める勉強ではなく、自発的に学ぶ喜びが、この文章の中に溢れている。自分がやっている仕事の中で生まれた疑問や「問い」を深め、理論を知り、解決可能性に気づく。実践の中で、学んだ内容に基づいて仮説を立てて動き、これまでの解決策がズレていたことを発見する。それは、己の愚かさとの出会いでもあるが、新たな試行錯誤の可能性との出会いでもある。三好さんはそれを「いい介護をするための武器を手に入れること」と述べていた。このような暗記ではない、ほんまもんの学びを理学療法の学校でしたからこそ、彼はその後、その学びを現場で探求していく。理論だけでもなく、実践だけでもなく、理論と実践の往復をご自身の中で深めていったのだ。

三好さんは北欧的な介護が嫌いだと公言しておられるが、その北欧では、こういう社会人の学び直しが当たり前になっている。高校卒業後、一旦社会人経験をする、あるいは介護現場で働いた後、問いを持って大学に入ってくる学生は少なくない。だからこそ、現場でぼんやり感じた疑問や問い、モヤモヤを深めることが出来るし、それは良い武器になるのだ。日本でも、現場経験を踏まえて学び直す社会人大学院生が最近増えてきて、僕の研究室でも、現場のソーシャルワーカーが社会人院生をされている。そういう人々を見ていると、「現場での問いやモヤモヤ」を原動力として学ぶことは、めちゃくちゃ深くてオモロイ学びにつながると思う。

その上で、三好さんは介護には「想像力」と「創造力」の二つの「ソーゾーリョク」が必要だという（p41）。この人はなぜお風呂に入りたがらないのか、徘徊をするのか、大声で歌うのか。それに対して、ああでもないこうでもないと本人の内在的論理を「想像」する「想像力」。そして一旦「こういう背景があるのではないか」と仮説を立てたら、その仮説をもとに、ではどうやったら現状を変化させることが出来るのか、を現場で考えて、実際に変化を起こしていく「創造力」。これが介護には満載で、こんな風に「工夫」できることが、介護という仕事の魅力なのだ、と彼は語る。

なるほど、三好さんが責任編集される雑誌のタイトルがレヴィ・ストロースの名言『ブリコラージュ』（ありもの仕事／七七舎）なのも、そんな「工夫」と「創造力」が介護の原点だからなのだな、と改めて納得した。この本は、福祉や介護に興味のある若者、だけでなく、福祉現場で働く人にも、自分の仕事を見つめ直す上で、オススメの一冊です。

（2023/07/03）

第3章

家族がチームであること

第一優先は家族、第二優先が仕事

『デンマーク人はなぜ4時に帰っても成果を出せるのか』（針貝有佳著、ＰＨＰビジネス新書）を読んで、20年前のことを思い出していた。研究調査のため、お隣のスウェーデンに半年住んでいたことがある。その時も、みんな午後3時とか4時に平気で帰っていたので、なかなか現場調査のアポイントを入れるのは大変だった。でも、北欧の国々は当時から、労働生産性が高かった。

デンマークは国際競争力やデジタル競争力が国際比較で1位、政府の効率性は5位、ビジネス効率性は4年連続1位という。一方、日本の政府の効率性は42位、ビジネス効率性は47位である。おもてなしが丁寧なのは良いが、効率性は良くないし、競争力も弱い。デンマークもスウェーデンも社会工学的な発想を取って、うまくいくなら大転換をしやすい国だが、現在はキャッシュレス社会を通り越して、カードレス社会化が進み、スマホで何でも決済できる、という。コロナ危機でやっと近所のスーパーやクリーニング店でもクレジットカードが使える様になった日本とは、インフラ転換のスピード感が違う。

でも、この本が秀逸なのは、そのようなビジネスマンが振り向きそうなフレーズを多用しながらも、一番伝えたいのは、「何のために効率化するのか?」という部分であることだ。

3人の子育てをしながら、コペンハーゲン市のアートホールの運営統括をしているヘリーネさんは、以下のように語る。

「私はきっと優先順位をつけるのが上手いの。第一優先は家族。第二優先は仕事。三番目が娯楽や、自分がしたいこと。この優先順位はいつも変わらない」

「だから、友達に会ったりする時間はほとんどない。SNSも一切使わない。SNSを見ると、ものすごくエネルギーを消耗するから。ときどきそんな自分に罪悪感を抱くこともあるけど、でも、やっぱりそこに使う時間はないわ」(p69)

家族と過ごす時間を十分に確保する。それを優先順位の一位にするから、午後4時には遅くとも仕事を切り上げて、子どもを迎えに行く。金曜日なら、午後3時に仕事を終える。それはスウェーデンでも同じ傾向である。そして、土日も子どもと共に過ごし、DIYをしたり、キャンプやコテージに出かけたりする。その代わり、飲み屋にはいかず、外食も高いから少なめにする。だからこそ、SNSなんて見ている暇がない。

2003年秋から2004年春まで、スウェーデンの第二の都市、イエテボリに僕たち夫婦は住んでいた。ちょうど半年間海外旅行に行く年金生活者のアパートを貸してもらったので、団地の一角に住んでいた。その団地の中には保育園もあり、スウェーデンでは一歳から義務教育がスタートするので、小さな子の手を引いて、お父さんお母さんが保育園に連れて行く風景を、団地の窓から見ていた。朝7時頃のスウェーデンの冬は、白夜の反対で、真っ暗だ。そんな中でも、多くのお父さんも子どもを保育園に連れていき、そのまま職場に出社していった。その当時から、子育て中の女性もフルタイム労働が当たり前だったので、これがスウェーデンの日常的風景だった。

そして、先述の通り、午後3時とか4時には仕事を切り上げて、職場を後にし、夕食から夜の団らんの時間を家族で共にする。スウェーデンの冬至の頃は、日の出が午前8時半頃、日の入りが午後3時頃なので、日照時間が極端に限定されている。すると、家の中での生活をいかに豊かにするか、が肝になる。なので、一般的な家庭でもくつろげるソファーがあって、そこでテレビを見たりゲームや団らんをしたり、というのが日常的な風景になっていた。職場の人と残業して赤提灯で一杯、というのは、スウェーデンでは聞いたことがなかった。そこには明確に「第一優先は家族。第二優先は仕事」という優先順位の序列が見て取れた。

これはバカンスにも現れている。同書にはデンマーク人は7月に平均3週間の休暇を取ると書かれていたが、スウェーデンでも同様である。だからこそ、日本の夏休みに北欧に調査に行こうと思っても、現地でのアポが取れない場合が多い。また、休暇中はメールを見ずに、「ただいま休暇中で、返信は○月○日以後です」というメールが自動返信設定されている場合も少なくない。それは「第一優先は家族。第二優先は仕事」の貫徹である。夏は日照時間が長い白夜であり、冬の日照時間の短さを取り戻す絶好のタイミングである。だから、郊外のサマーハウスでのんびりしたり、友人や家族でビールを飲んでパーティをしたり、と楽しんでいる。

そして、定時に切り上げ、休みをしっかりとることは、実は労働生産性の向上にもつながる。

「社員が健康で元気に、ベストコンディションで仕事に取り組むことが生産性アップにつながる。逆に、社員が疲れていたり、モチベーションが上がらない状態では、生産性なんて上がるわけがない」(p130)

これは、子育てをするようになって、めちゃくちゃ痛感することである。

子育て以前の僕は、予定表が空いている限り、講演や調査など、仕事を詰め込んでいた。そして、仕事を詰め込みすぎて、四半期に一度、ちょうど年に四回の季節の変わり目の「土用」の時期に、風邪を引いて寝込むのが「通例」になっていた。だからこそ、毎年Googleカレンダーに真っ先に書き込むのは、その年の4回の土用の期間だったりする。その期間こそ、無理や無茶をしてはいけません、と。

でも、子どもが生まれた後、出張を殆ど断り、研究会などもオンラインで参加出来るもの以外は全て断った。すると、睡眠時間を確保出来るようになった。そして、起きている時間の集中度が遙かに高まるようになったのだ。

これは妻にも感謝している。我が家では、子どもが生まれて以来、妻は娘と一緒に眠り、僕だけは以前からの夫婦の寝室で寝ている。妻曰く、「あなたが一緒に寝ていても特に役立たないし、必要なら起こしに行く。それよりは、夜は寝て、日中ガッツリ家事育児して仕事もしてくれた方が助かる」というものすごく「合理的」な発想である。確かに子どもが0歳の頃はしょっちゅう妻からSOSをもらって、夜中の2時とか3時に、夜泣きする娘を抱っこしながら子守歌を歌っていた。でも、終わってみればそんな時期は一瞬である。そして、夜はぐっすり眠れるからこそ、朝起きてすぐに食事や洗濯、子どもの学校への送迎を妻と分担して行えるし、夜には原稿を書かないと決めたので、日中に授業も雑務も原稿書きも集中して行い、17時になったら家事育児タイムになり、19時前には家族三人で夕食を共にする、ということが出来る。

このリズムがつくられて7年、確かに僕は健康で元気になり、仕事に対してもベストコンディションでいられる割合が高まった。だからこそ、モチベーションは以前より高まったし、子育てのこともこうやって原稿にさせてもらって、結果的に僕自身の「生産性アップ」につながっている。それは、「生産性を上げるために家事育児をしている」という本末転倒ではない。「第一優先は家族。第二優先は仕事」を僕なりに遵守しているからこそ、その「意図せざる結果」として生産性「も」あがってしまった、のである。

それから、同書には多くのデンマーク人の声が載せられていて興味深いのだが、デンマークと他国の働き方の比較の部分も面白かった。

「僕らは仕事を任されていて、自分たちで職場を動かしている感覚を持っている。上司にいちいち確認せず、自分たちで色んな判断ができる。商品の生産工程に関わる中国人の働き方を見ていると、マネジメントの仕方が全然違うと感じる。中国人のスタッフは自分たちでは判断ができなくて、物事を決定するのは常に上司だ」（p165）

「トップや管理職が現場の状況をきちんと把握できていないと、間違った意思決定をしてしまうリスクがある。部下の話をよく聞いて、現場で起こっていることを正確に把握することで、組織として的確に問題解決にあたることができる。組織のなかでトラブルも含めてオープンに情報共有できる職場が、良い職場なのだと思う」（p193）

現場で仕事を任されている、というのは、現場レベルでの裁量労働の度合いが大きい、ということである。箸の上げ下げまでチェックするのではないが、何も見ていないのでもない。自由放任とは違う。現場で起こっていることを正確に把握して、問題解決に一丸で取り組む。そのために、トラブルも含めてオープンに情報共有をする職場環境を作っていく。これが、生産性の上がる組織なのだと思う。

他方で「自分たちでは判断ができなくて、物事を決定するのは常に上司だ」というのは、中国人だけでなく、日本人の組織でも、見かけることである。これは、上司が判断や決定権を全て握っていて、部下はその命令に従うのみ、という感じである。自分で判断する裁量部分を減らすと、部下はマシンのように働くしかない。それであれば、労働のパフォーマンスやモチベーションは、上がるはずもない。本当に労働生産性を上げようとするならば、最前線の現場で働く人が愉快に面白く、かつ会社や組織のミッションに合目的的に働けるか、が問われている。

仕事は、一人でできないチームプレイのものが多い。そして、日本人もデンマーク人も、みんな自分の持ち場、役割で、必死に仕事をこなしている。にもかかわらず、両国で差が開いているとしたら、それは単に「管理職（現場の労働者……）が馬鹿だ」、という問題ではない。そうではなくて、それぞれの社員が、全体像を意識しながら、自分の持ち場が全体にどう繋がっているかを考えながら働いているかどうか、である。そして、その現場から見える生産性の向上課題を、しっかり部下が上司に提案でき、それが組織課題として受け止められ、業務改善や生産性向上に向けた組織的学習が組み込まれているか、に日本とデンマークでは違いがありそうだ。

とはいえ、実は日本だって、トヨタの工場の「カイゼン」が世界的な用語になったように、工場労働の現場では、生産性向上に向けたチーム学習が徹底していた。でも、サービス産業や福祉、教育などの現場で、現場の裁量が活かされ、そこから労働生産性を上げる努力がなされているだろうか。ジャストインタイム、などの商品コストを下げることによって、営利の最大化を目標にすることは、成功してきた。その一方、営利の最大化ではなく、労働時間を減らしながら業務効率を最大化することが、目標とされていただろうか。この本を読むと、すごく心許ないと思ったし、まだまだ日本の職場には伸びしろというか、QOLならぬQWL（Quality of Working Life：労働生活の質）の「カイゼン」の余地が沢山残されていると思った。

そういう意味で、デンマークの知見を通じて、日本人の働き方を考え直す、すごく良い一冊だった。

（2023/12/14）

お父さん「も」支える言葉

木村泰子先生の新刊『お母さんを支える言葉』(清流出版)を読む。

木村泰子先生は、「すべての子どもの学習権を保障する」ことを大切にし、インクルーシブ教育を先駆的に進めた大阪市立大空小学校の初代校長である。この学校を取り上げたドキュメンタリー映画『みんなの学校』を僕は何度も見て感動し、木村先生の著作は何冊も読んできた。でも、本書には独特の良さがある。

なにが良いって、木村先生自身も二人のお子さんの母親だが、「母親業大失敗の人間だった私」という、これまでの著作では見えてこなかった「当事者性」がある。そこに、大空小学校での子どもや保護者(主にお母さん)との関わりを重ね合わせ、保護者であり教員として、という複眼思考のなかで、子どもを育てる親にエールを送っている。確かにメッセージの直接の宛先は「お母さん」なのだが、これは一緒に子育てをしているお父さん(=僕)「にも」大いにエールを送り、学びの多い一冊である。

読了後、もっとも僕に深く・重く残った一節をご紹介したい。

親子だと、親が強者で子どもが弱者だという力関係には、なかなか気づけないものです。そして、「子どもを育てるお母さん」だと、いつも自分が主語になってしまいます。自分のことは見えているけれど、子どものことは見えていない状態になりがちです。

でも、「子どもが育つお母さんになろう」って思ったら、自分と一緒にいるときの子どもの表情にも注目しないといけないし、それに合わせて、自分がどんな行動をとればいいいか、考えないといけませんよね。（p74）

さらっと書いてあるが、実に対比的な言葉だ。「子どもを育てるお母さん（お父さん）」と「子どもが育つお母さん（お父さん）」。前者だと、「いつも自分が主語になってしまい」、親目線に終始している。だからこそ、「親の私はこんなに頑張っているのに」とか「よかれと思って」といった親の目線を子どもに押し付けがちになる。でも、後者の場合、「子どもが育つ」かどうかは、子ども次第である。親には、子どもが自分で育つのを邪魔せず、子どもの育ちを「促進」できるかどうか、が問われている。

この二つはめちゃくちゃ大きく違う。

親が主語の場合、自分の言動は脇に置き、「子どもが悪い・子どもを変えなければ」と子どもに介入しやすい。でも、親のふるまいが「子どもが育つ」要因になっているかを、他ならぬ親自身が査定する場合、査定の矢印は子どもから親に向き直す。「子どもが問題だ・悪い」ではなくて、「悪い・問題とされる状態から子どもが行動変容するために、親の私がどのような応援や支援が出来るか?」という親自身の課題が見えてくる。これは、簡単なようで、めちゃくちゃ難しい。

娘が僕の注意を聞かずに勝手なことをしている時、僕自身に余裕がないと、娘が問題だ（集中力がない、身勝手だ、出来ていない……）と思い込みやすい。でもそれは、僕自身の責任を棚上げして、娘だけを問題視している視点である。一方「子どもが育つ親になろう」とするならば、娘に関わる僕の姿勢が問われる。なぜ娘は僕の言うことを聞いてくれないのか。僕がガミガミ言うからか、伝え方が悪いからか、大声を出すからか、あるいは高圧的な言い方をするからか（残念ながらどれも思い当たる節がありまくる……）。

すると娘に注意して彼女を変えようとする前に、まず親の僕自身のありようが問われるし、僕の娘への関わり方を変えることが出来るか、に問いが変更されてしまう。なぜ僕は娘が受け入れられない伝え方をしてしまうのか。ついカッとしてしまうのは、いつ・どのようなタイミングで、なのか。逆に娘が素直に僕の言うことを聞いてくれたときと、そうではないときとでは、僕の関わり方やアプローチにどのような違いがあるか。そもそも、僕が娘に関わるときに余裕を持てているか……。こういった、自分自身への問いが沢山出てくる。それは、娘を観察するだけではすまされない。娘と関わる僕自身をも振り返る必要がある。

僕自身が「娘が育つ父になる」ためには、娘に一杯教えてもらう必要がある。今の関わり方でよいのか。改善した方がよい部分はないか、と。その視点に立って娘自身に聞いてみたら、「大きな声で言われて、怖かった」と言われた。親は厳しい口調で注意している「つもり」でも、娘には単に恐怖しか与えず、理解して行動変容してほしいポイントが全く娘に伝わっていなかったのだ。これには唖然とした。そして、「娘が育つ親になる」ためには、僕自身が娘との関わり方を見直し、娘がるんるんと自分で出来る・考える・修正できるようなアシストを僕が出来るか、が問われている。つまり、子どもを観察し、子どもに尋ねながら、子どもの成長の促進要因になれるように、親のアプローチをどれだけ変え、認識をアップデートできるか、が問われているのだ。これはめっちゃ本質的であり、でも楽ではないことである。

この認識のアップデートに関して、木村先生はもう一つ、示唆的なアドバイスをしてくれている。

お母さんが子育てで困ったら、次の三つの言葉を子どもに尋ねてみて。

「大丈夫?」
「何に困っている?」
「私にできること、ある?」（p43）

この本には、難しい言葉や概念は一つも出てこない。すごく読みやすい。でも、恐ろしいほどの本質が詰まっている。ネット検索でわかった気になるな。子育てとは親と子どもの関わりなのだから、子育てで困っている、ということは、子どもと親の関係性の中での心配ごとである。であれば、その心配ごとを解決するためには、もう一方の当事者である子どもにお尋ねするのが一番早い。だが、言うは易く行うは難し。

「大丈夫?」というのは、考えてみれば含蓄の深い言葉である。子ども自身が自分の状況を問題ないと考えていれば、「大丈夫」と答えるかもしれない。でも、親の目線で娘を見ていたら、「大丈夫」ではなさそうなのに「大丈夫」と言っている場合もある。あるいは、娘的には大丈夫という認識でも、親の僕が見ていてヒヤヒヤする、という意味で、大丈夫ではないのは僕自身かもしれない。こういうことをまず娘に聞いてみるのは、関わりの入り口として大切だと思う。

次に、「何に困っている?」というのは、問題の特定に関する質問である。あるいは、子ども自身が何を問題だと認識しているのか、を理解するための質問であるとも言える。

親が「この子は○○のことで困っているはずだ」と勝手に決めつけるのではなく、子ども自身の主観的な心配ごとや困りごとを、自分の口で表現してもらう。そのことによって、親の決めつけではない、子ども自身の主観的な世界を親も理解することができる。いっけん見当違いに思える「困りごと」が子どもの口から表現されたとしても、子どもがそう言うなら、まずはまるごとそのものとして受け止めてみたほうがいい。他にありそうなら、「それ以外に困っていることはある?」と追加してもよいかもしれない。

その上で、「私にできること、ある?」が初めて出てくるのだ。この順番も大切である。まず①「大丈夫?」と問いかけることで、「親は子どものことを心配している、気にかけている」というメッセージを伝える。次に、②「何に困っている?」と問うことで、親が勝手に決めつけずに子ども自身の心配ごとを聞く姿勢を伝える。そういう前提を共有した上でやっと、③「私にできること、ある?」が来るのだ。

でも振り返ってみれば、僕はこれまで、①や②をすっ飛ばして③のみを検討し、しかも勝手に判断して動いてはいなかっただろうか。確かに子どもが赤ちゃんだった時に、①や②を聞いても、子どもはまだ言語表現が出来ないので、答えてはくれない。すると、親自身が子どもの泣く理由を読み取り、お腹がすいているのか、眠たいのか、不快なのか、退屈なのか……を察する必要がある。その上で、子どもが満足しそうなことを積極的にやってみて、泣き止むまで働きかける必要があった。

だからこそ、親は真っ先に「私にできること、ある？」をしてしまう。でも、子どもは少しずつ、自分の思いや願いや感じることを、言葉や非言語表現で、伝えることができるようになる。すると、親が先回りして勝手に動いてしまうと、子どもの意思を尊重できなくなる。「急がば回れ」ではないが、まず「子どものことを気にしているよ」というメッセージを発した上で、「あなたの心配ごとを教えて欲しい」と子どもの意見を聞く姿勢が求められる。それは、子どもをひとりの人間として尊重している、というメッセージでもある。そのメッセージがあって、やっと子どもは安心して自分の心配ごとを親に共有してくれるのだ。そのプロセスを吹っ飛ばして、親が勝手に状況を判断したり、子どもに聞くことなく学校や友人関係に介入したら、親子の信頼関係はズタズタになる。

「子どもが育つ親になる」ためには、子どもの時期に応じて、親の認識や関わり方をアップデートし続けられるか、が問われていると改めて感じる。親が勝手に決めつけたり、わかった気にならず、これらの三つの質問をしながら、子どもを「なんとか理解したい」「少しでもわかりたい」と願うとき、子どもとの協力関係が始まるのだと、改めて思う。それが「子どもが育つ親になる」プロセスなのかもしれない。

そして、この学びは子育てには限定されない。大学のゼミで学生達と関わるときとか、あるいは組織運営をする際にも、「部下（学生、同僚、チームメンバー……）が育つ私になる」ことができるか、が問われているのはどこでも同じはずだ。

（2024/04/17）

家族丸抱えと社会的ネグレクト

正月休みに、京都の実家に遊びに出かける際、鞄の中に忍ばせた一冊が、圧倒的な迫力で迫ってきて、一気読みした。

ケアをうまく成就できるということは、病気の家族の変化に反応するすばやい共振性を有しているということであり、それは外界に対してあまりに無防備であるともいえる。つまりケアを成就できる主体というのは、あらかじめ固まることを禁じられ、環境によって変化する可塑性を持っているということではないか。

自分をとりかこむ輪郭線をいつでも崩れさせ、自己と他者の境界を横断することができる。自己の固着という安心からいつでも離れられる無防備さというものが、ケア的主体の真価だろう。

（中村佑子『わたしが誰かわからない――ヤングケアラーを探す旅』医学書院、p156-157）

このフレーズを読んでいて、前に書いた、ケアとは「ままならぬものに巻き込まれること」という定義を思い出していた。能動的で自立的で主体的な存在は、自己責任で自己管理が出来ている、という意味で、自己同一性の保持が出来ていて、簡単には揺るがない主体である。一方、ケアはその対極の、「自分をとりかこむ輪郭線」の崩壊であり、「ままならぬものに巻き込まれること」である。

子どもの世話をしていると、「お腹が空いたんじゃないかな」「眠いんだろうな」と推測できる時がある。そして、それがドンピシャであたり、ご飯を食べさせたり、布団で眠らせたりすると、子どもの満足感や安心感がダイレクトにこちらに伝わってくることもある。そういう時って、自分と娘の間にある「輪郭線」や「境界」が少しずつ溶けてゆき、自分と娘が一体化しないまでも、「言わなくてもわかる」という「共振性」を発揮できる瞬間がある。

なぜこれが「無防備」なのか。ではこのときの「防備」とは一体、なんなのか?

「自分は自分、他人は他人」と線を引き、他者が熱を出そうが風邪を引こうが、自分は元々決めていた予定を粛々とこなす。他者の都合に引きずり回されず、計画通りの成果を上げる。そのためには、環境によって変化する可能性を最小限に抑える。これが「防備」の中身である。先に書いた業績評価主義の中で勝ち残ろうとするならば、このような「防備」を内面化しないとやっていけない。どぎつい言い方をするならば、他人の不幸・災難からの「防備」をすることで、自己利益の最大化を目指す発想とも繋がる。さらに言えば、他人が不幸・災難に陥った場合であっても、自分がそこに巻き込まれなければ、他者を出し抜く「チャンス」にもなってしまう。

だが、「病気の家族の変化に反応するすばやい共振性」を維持するのは、この「防備」とは真逆である。他人の不幸や災難という「ままならないものに巻き込まれる」ことである。すると、自分の予定はなぎ倒され、当初計画していた目的は果たせない可能性も十分にある。困っている相手とは「共振」できるかもしれない。でもそうすると、自分自身の当初目的とは「共振」できなくなってしまうこともある。

「社会的に求められる役割（仕事、勉強……）を完遂すること」を自己の目的にするならば、この目的の遂行を邪魔する「困った他者」とは距離を取り、境界線を引いて、「防備」して、近づかないに越したことはない。だが、その「困った他者」が自分にとって大切な他者である家族の場合、どうしたらよいだろう？

その解決策として、「仕事をするひと」と「ケアをするひと」を家庭内で分ける、という考え方がある。お父さんはフルタイム労働で、お母さんは専業主婦、という性別役割分業の考え方である。これは、第二次世界大戦後から高度成長期にかけて爆発的に増えた、「昭和的解決方法」である。だが、令和の世の中になり、夫婦共働きがデフォルトになると、この昭和的解決策ではなんとも出来なくなる。

そんな令和の父親の一人である僕は、妻にケアを押し付けることはしたくない。だからこそ、僕自身も困ってしまう。自己と他者の境界をしっかり「防備」して仕事をしてきたが、娘や妻のケアをするには、この境界が邪魔になる。じゃあ、どうすればよいか？


部屋のなかで、具合の悪い母と一緒にいる。なぜすぐにだめだとあきらめてしまうのか、なぜ起きてこられないのかが子どもの時分には理解できず、やきもきするような思いを抱えていたわたしは、母をむしばんでいる害があるなら飲み込んであげたい、わたしがそれを抱えて一緒に消滅させてあげたいと願っていた。

それはいったんは死のイメージなのだが、そこでわたしも一緒に再生するような、深い喜びがあった。自己消滅が喜びにつらなるような、ケア的主体がもつ犠牲的で献身的な欲望といえるだろう。

こういう思いを抱えてケアをしている子どもに対して、早く毒親からお逃げなさいと、人は容易く言えるだろうか。（p195）

娘が乳幼児だったころ、しょっちゅう風邪を引いたり調子が悪くなったりする娘を前にすると、僕自身の「防備」だの「境界線」だの言っていられなかった。親の用事や段取りは二の次で、嘔吐の始末をしたり、病院受診などに駆けずりまわっていた。その際、ケアする側は、ケアされる側に「振り回されている」なんて思ってはいない。できるだけ相手の喜びや満足、快が生まれるために、ただただ必死になっていた。それで娘が快方に向かうと、ほっと一息つけた。これは、言われてみれば「犠牲的で献身的な欲望」そのものである。

精神疾患の親を持つ子どもの場合、「具合の悪い母」のおかげで、子どもが振り回される。その現実を指して「ヤングケアラー」と焦点化・問題化すると、かわいそうなのは子どもであって、その子どもをケアできない親は「毒親」などとラベルが貼られやすい。すると、「早く毒親からお逃げなさい」と簡単なアドバイスが出来てしまう。でも、犠牲的なケア的主体を子どもの頃から引き受けてきた中村さんは、一方的な被害者ではなかった。彼女が親をケアするなかで、「そこでわたしも一緒に再生するような、深い喜び」や「自己消滅が喜びにつらなるような、ケア的主体がもつ犠牲的で献身的な欲望」があった。「ままならぬものに巻き込まれる」犠牲的なケア的主体にも、その状況でしか味わえない「深い喜び」や「欲望」もあったのである。そこに双方向性があると中村さんは述べるのだ。

この「深い喜び」や「欲望」とは、「自分をとりかこむ輪郭線をいつでも崩れさせ、自己と他者の境界を横断することができる」「無防備」から生まれてくるものである。というか、自他の境界をぼやかし、相手の喜びが自分の喜びに直結するような何かである。そういう相互作用は、相手との境界線を引いていては、生まれてこない。相手の苦しみは私の苦しみであり、相手の喜びは私の喜びであるような、そういう「自己と他者の境界を横断する」ことによって、相手と深い部分で繋がる喜びであり欲望なのだと思う。

僕は精神障害者支援を長い間、研究してきた。ケアや福祉の世界について、一般人より知識がある「つもり」だった。でも、このような自他の境界を越えたところにあるような、相手と深い部分で繋がることの喜びや欲望は、それこそ自分が子育てをし始めるまで、全く気づくことが出来なかった部分である。

とはいえ、家族関係は、そんな単純化が出来ない部分もある。たとえば実家で暮らしたい障害当事者と、実家で支えられない家族は、時には対立関係や利益相反関係になりやすい。でも、障害当事者と家族を対立させている構造こそ、最大の問題なのである。それを、中村さんが取材した、ヤングケアラー経験があり、いまは研修医をしているかなこさんは、「社会からの無視・放置（社会的ネグレクト）」と喝破する。

「社会からの虐待と言えば、自分たちに責任があることがはっきりわかるけど、たぶん虐待とまでは言えなくて。でもわたしははっきり助けてと言ったのに伝わらなかった経験があるから、よけいにネグレクトだと思う。いまは「助けてとも言えない子ども」というのが流行ってるんだけど、そういうふうにラベリングすることで、「子どもが助けてと言ったとしてもアンテナが立ってなくてキャッチできない社会がある」という事実が隠されていて。さらに「見つけてくれてありがとう」なんて吹き出しの付いた子どもの絵を精神科の研修とかで見たり。支援者は子どもにそう言ってほしいんだと思うけど、「てめえら遅えわ！」と。キャッチされないから黙らされてるだけなのかもしれないのに、子どものほうの責任にしないでって思う」　（p112-113）

ＳＯＳを求める子どもたちの声を、社会が「無視・放置」している。その意味で「社会的ネグレクト」というなら、これはヤングケアラーに限らない。家族が障害や高齢などでケアが必要な場合、ギリギリまで家族がケアをすることが求められる。それが無理なら、入所施設やグループホーム、精神病院や老人病院に預けるしかない。この二者択一構造こそ、「助けてと言ったとしてもアンテナが立ってなくてキャッチできない社会がある」という意味で、「社会的ネグレクト」なのだ。ケアが必要な人を「助ける」だけでなく、ケアする人へのケアも必要である。両者の「助けて」というＳＯＳをキャッチできない社会の側の「無視・放置」こそ、焦点化する必要があるのだ。

「キャッチされないから黙らされてるだけなのかもしれない」のは、ヤングケアラーだけでなく、大人のケアラーも同じかもしれない。「ケアが必要な人がいるなら家族は面倒を見るべきだ」という昭和の家族観が未だにデフォルトになっていて、家族だけで抱え込んでいる現実こそ、「社会的ネグレクト」とも言えるのかもしれない。

　日本で家族はもうすでに崩壊しているのにもかかわらず、崩壊していない前提で、国も厚労省もケアを家族に返す（p90）

　そう、ここが最大の問題なのだと改めて思う。「何かあったら家族がケアしてくれる」という家族のケア機能は実質的に崩壊しているのに、法や制度は家族をアテにしている。これは高齢者や障害者支援だけに限らない。子育てにおいても、「家族丸抱え」は「すでに崩壊している」。にもかかわらず、この国の制度設計やシステムは「崩壊していない前提で、国も厚労省もケアを家族に返す」のだ。これは福祉だけに限った話ではない。例えば公立小学校では「宿題」がデフォルトになっているが、あれは専業主婦（夫）がいないとなかなかカバーできない内容だ。娘は今、繰り上がり繰り下がりの計算が苦手で、毎日ワアワア言いながら、時間をかけて、宿題に四苦八苦して取り組んでいる。家族もそこに巻き込まれ、結構な時間やエネルギーを投入している。でも、諸外国だけではなく、日本国内でも「宿題」不要論が出ている現在において、学校で完結しない勉強を宿題という形で「ケアを家族に返す」前提にされていると、なんだかなぁ、といつも思ってしまう。

こういう「実際は崩壊している家族に、建前上、国も役所も頼る」という前提が、ヤングケアラー問題を、かわいそうな子どもの問題に矮小化したり、ケアすべき精神障害を抱えた親を「毒親」とラベルを貼る、などの問題構造のすり替えが行われている背景にある。そして、それを問い直すために、社会的ネグレクトの構造こそ、問われなければならない。家族丸抱えの構造的問題が、社会的ネグレクトの背景にあると直視し、それを変える仕組みを作らねばならない。

この「社会的ネグレクト」という言葉を流行らせるために、僕はこれからこの言葉をしつこく使い続けようと思う。家族丸抱えの論理構造を超えていくためにも。

（2024/01/03）

子どもを中心にする視点

子どもが生まれてから、児童福祉や教育学領域の本を遅まきながら読み始めている。その中で、今年読んだ本のベストに入りそうな一冊と出会った。それが池田賢市さんによる『学びの本質を解きほぐす』（新泉社）である。教育学者が子どもの権利条約をベースにしながら、学校にまつわる五つの論点（「不登校」「学力」「障害」「道徳」「校則」）を論じていくのだが、最初に読み始めた「障害」の章で痺れてしまった。

日本の学校は、分類することによって「多様な」子どもたちを生み出している。なぜ、さまざまな基準を用いて細かく分けるのか。丁寧な指導のため、それがその子のため、と思い込んでいるのだろうが、実際には全体を統一（画一化）していくためである。

まず、分類されることによって、その分類されたグループ内は画一化される。その分類は能率性という観点からなされ、「問題」とされる者たちが集められていく。「問題」である限り、修正を施されることになる。つまり、分類によっていったん名付けられた多様性は、最終的には解消されなければならないということになる。落ち着きがないなどの「問題」を理由に、たとえばその状態に「発達障害」などの医学的な命名がなされ、特定の子どもたちが普通学級から分離されていく。「不登校」も同様である。その「問題行動」の背景に、受験等の競争的学力観によるストレスなどがあるのではないかといった問いが立てられることはない。現象的にわかりやすい部分にのみ着目し、似た者同士が集められ、訓練を施され、何らかの「水準」に達することが期待される。つまり、分類は画一化のための手段ということになる。（p146-147）

漠然と日本の学校教育や分離教育に感じていた疑問を、教育学者がこれほどズバリと射貫く表現をしてくれると、気持ちよい。「分類は画一化のための手段」とは、精神病院や入所施設への収容と同種の構造を持つ論理である。

入所施設や精神病院は、「地域で暮らせない」と分類された障害のある人を、画一的に処遇する場所である。両者は本来、人生の一時期だけを過ごし治療や療育を受け、地域生活を可能にするための「通過施設」である、という建前である。だが、障害という差違を「能率性」に基づいて「分類」し、治療の効果や改善が見られたら＝差違が最小化されたら退院・退所可能、という論理構造になっていると、いつまで経っても退院や退所は可能ではなくなる。実際、日本は人口比でもっとも精神病院の多い精神病院大国である。「画一化のための手段」としての「分類」が続いている限り、このような分類による排除はいつまでも再生産されていく。

日本でこの20年間、「発達障害」とラベルを貼られる人が急増し、特別支援学校の高等部が雨後の筍のように急増した背景にも、このような「能率性」に基づいた「画一化のための手段」としての「分類」の発想はなかっただろか。そしてそれは社会的排除と軌を一にする。

認識すべきは、「普通」という権力的・暴力的に設定された軸からズレていることを否定的なニュアンスで意識化させて、期待されている軸に乗ろうとするメンタリティの形成が目指されている、という点である。（p147）

これは特別支援学校（学級）への指摘であるが、例えば障害者が働くのを支援する障害者雇用の現場でも、これと同種の論理が働いているように思えてならない。「普通の職場」に適合することが善とされて、そこに合わないから「障害者雇用」という特別枠での就労が期待される。まずそこに画一化のための手段としての分類の要素がある。その上で、

「普通」に働けないなら、障害者のなかで「普通」に働けるようになろう、もし可能なら健常者と同じレベルでの「普通」を目指そうという「権力的・暴力的に設定された軸」がある。それを、誰もが無自覚に内面化した上で、「働くってそういうものだから」と思い込んではいないか。

僕がここにモヤモヤするのは理由がある。たとえば職場でのストレスから不眠やうつ病になった人って、「期待されている軸に乗ろうとするメンタリティの形成」をしすぎて、簡単に言えば職場の空気や期待を強く内面化して、自分を押し殺して生真面目に職場の要求に応え続けてきた結果、過労でうつ病になった人が多いのではないか。それって、「普通の職場」に内面化されている「『普通』という権力的・暴力的に設定された軸」そのものが問題である、とはいえないか？　にもかかわらず、うつ病になった個人の問題と矮小化された上で、個人をうつ病に追い込むような「普通の職場」の権力性や暴力性を問うことはないのではないか。こういうモヤモヤがあるのだ。

池田さんが本書全体で問い直そうとしているのは、そもそものような「『普通』という権力的・暴力的に設定された軸からズレていることを否定的なニュアンスで意識化」させる、その認識枠組み自体の問題性である。なぜ学校・学級・社会における「普通」の言動が出来ない人は、社会的に排除されるのか。他方、なぜこの「普通」の暴力性や権力性は不問に付され、所与の前提として無批判に受け入れられるのか。

そして、この「普通」の軸に合うか合わないかで粛々と分類がなされ、普通に合わないと分類された人は、特別支援学校や障害者施設、精神病院、障害者雇用枠などに送り込まれる。さらに、その分類された枠組みの中でも、「健常者基準での普通に戻る・近づく・適合する」という画一化された基準が横行する。この、普通の押しつけという暴力性や権力性が全く放置されている現象自体が、変ではないか。……こういったことが、池田さんの本を読んでいると、炙り出されていくのだ。

だからこそ、読者の中には彼の論理を受け入れられない人もいると思う。池田さんの問いは、ごく一部のかわいそうな障害者の問題に矮小化されないからだ。あなたの思う・あなたが当たり前のように従ってきた「普通」という概念の中に、暴力性や権力性は含まれていませんか？　その「普通」によって、分類に基づく排除がなされていませんか？　それは、何かあった時に、あなた自身が排除される基準ではありませんか？と。こういう問いに直面したくない人なら、池田さんの議論に感情的に反発するのではないか、と思うのだ。かつての僕がそうであったように。

教育の現場でこそ、「問題の個人化」「自己責任化」や、「社会構造や公的責任について不問とする姿勢」が再生産されている、と強く感じる。事実、僕自身も、大学院生の頃から精神病院でフィールドワークを行い、「より集中的な支援が必要な障害者でも入所施設ではなく地域で暮らしたい！」と訴える障害者の自立生活運動に出会うまで、能力主義を鵜呑みに信じ、努力するものは報われると思い、だからこそそれが出来ない人は結果責任だ、と思い込んでいた。受験勉強は歯を食いしばってしなければならないもの、と思い込んできた。そうであるがゆえに、精神病院や入所施設の構造的暴力の問題に積極的に発言し異議申し立てをするようになっても、特別支援学校（学級）に関しては、10年前くらいまで、自分の意見を言えなかった。学力差があり、普通学級で落ち着いて学ぶことが出来ない子どもがいるならば、別の学級で学んだ方が、「その子のため」になるのではないか、と思い込んでいた。成人の隔離収容と障害のある子どもの教育問題は別物だ、と切り分けて考えていた。

しかし、この「あなたのため」に私とあなたを分離・区別する眼差しこそが、実は当の排除を生むのである。能力主義の前提に立ち、教育エリートが「普通にできるはず」と思うことが出来ない人は、力やスキルがないと、有徴化され、排除される。でも、池田さんは、そもそも「学校になじめない子どもに問題があるという発想」自体が差別を生み出す、と決然として述べる。なじめない子どもが問題なのではなく、子どもが学校の基準に合わせるのが当然であるという前提こそ問題である、と問い直す。別のところで取り上げた、大阪の大空小学校の初代校長の木村泰子さんは、学校の理念に「すべての子どもの学習権を保障する」を掲げていた。義務教育はすべての子どもの学習権を保障するのが前提であり、「なじめない子ども」であっても、排除せずにその学習権が保障できる環境をどう作り上げていくのか、が問われている。「なじめない子ども」個人が悪いのではなく、なじめない子どもを生まない学校をどう作るのか、が教員や社会の側に問われているのだ。これが池田さんや木村さんから僕自身が受け取った叡智でもある。

理屈はわかった。では具体的に日本の学校で排除しない学校作りをするためには、何をどこから始めたら良いのか。そこで出てくるのが、子どもの権利条約の「参加する権利」および「意思表明権」（第12条）や「子どもの最善の利益」（第3条）である。それに関しても、池田さんは至極真っ当な、それゆえキラリと光る発言をしておられる。

「自己の意見を形成する能力」の〈ある子ども〉と〈ない子ども〉がいて、〈ある子ども〉に対して認められている権利だということではなく、子どもというのは、そもそも「自己の意見を形成する能力」がある存在なのだ、とこの条文は言っているのである。もちろん、うまく意見が言える子どももいれば、なかなかことばにならない子どももいる。だからこそ、「年齢および成熟度に従って相応に考慮」されなければならないのである。しっかりと大人にわかるように意見の言える子どもの意見をより尊重するという意味ではなく、どんな子どもも正しく自分の意見を述べているのであって、それを理解できていないのは、大人の側なのである。条約は、子どもによってはその表現が伝わりにくいこともあるから、その点を大人の側はしっかりと意識（配慮・

考慮）して、その子どもの意見を受け止めるようにしなければならない、としているのである。（p213）

これは、障害者の意思意志形成・意思決定支援についても考えてきた＆子育てで四苦八苦してきた僕からすれば、本当に我が意を得たり、のような発言である。

うちの娘は、まさに生まれた時から、様々に意思表明をし続けてきた。ただ、おなかが減った、眠い、疲れた、感情のコントロールができない、しんどい……と言語的に理路整然と表現出来ないから、泣いたり、叫んだり、ジタバタしたりして、懸命に表明しているのである。しかし、親は非言語的メッセージと出会っても、すぐに何を訴えているのか、が理解できるわけではない。だからこそ、おなかが空いているのか、眠たいのか、暑いのか、感情的に煮詰まっているのか……など、どのような意見を述べようとしているのかを推察し、色々試行錯誤しながら、何を伝えようとしているのか理解しようと努める。4歳になって、だいぶ言語的表現は出来るようになってきたが、今日もお店で「この水筒欲しい」と言ってきかず、どうやったらその気持ちを収めることが出来るか、で15分くらい、ジタバタしていた。これが、『年齢および成熟度に従って相応に考慮』することの意味、そのものである。

そして、これは重症心身障害やより集中的な支援が必要な知的障害・認知症などで、論理的に言語的表現がしにくい・できないとされている人を支援する時にも、必要不可欠な視点である。あるいは、自傷他害の行動に陥った人に関しても、同様である。薬物依存の回復者である倉田めばさんは、次のような素敵なメッセージを伝えてくれている。

・母はよく私に言った「薬さえ使わなければいい子なのに」私は思った（いい子の振りをするのが疲れるから薬を使っているのに……）
・私にとって薬物とは言葉であった。ダルクのミーティングは本来の言葉を取り戻す作業である。自分の言葉を取り戻したときに、薬物が不必要になってくる。

（「拾い集めた言葉たち」 http://www.yuki-enishi.com/guest/guest-020417-1.html）

薬物依存状態の人は、薬物に頼らざるを得ない状況に構造的に追い込まれている。つまり、薬物依存を通じてでしか、自己表現出来ない状況に陥っている。それが、「私にとって薬物とは言葉であった」という意味だと僕は受け止めた。「いい子の振りをするのが疲れるから薬を使っているのに」というのは、「いい子の振り」をさせる（この場合は親子での）権力関係構造をそのまま放置しておいて、「薬さえ使わなければいい子なのに」という眼差しを大人が子どもに向け続けること自体が、薬物依存の悪循環を強化していくのである。

これは、薬物依存に限らず、自傷他害と呼ばれる行為や、強度行動障害、認知症の人の徘徊や暴力行為（ＢＰＳＤ）と呼ばれる言動にも共通していると感じる。そのような行為は「普通ではない」し「注意をしても聞かない」から、先述のような症状としてラベルが貼られている。だが、そういう「問題行動」は、生きる苦悩が最大化した人々の、論理的に言語化出来ないが故の、非言語的なＳＯＳの表現なのである。それを、周囲の人間が社会規範や世間的道徳で糾弾するのではなく、本人がそうせざるを得ない内在的論理を理解した上で、どうやったらその悪循環から脱出することが可能か、どうしたらその「自己表現」をしなくても安心して「本来の言葉を取り戻す作業」ができるのか、を本人と周囲の人が協働して考えることが出来ると、そのような悪循環は結果的に収まっていくのである。

すべての人には、障害の有無や年齢如何に関わらず、『自己の意見を形成する能力』がある。ただ、年齢や心身の状態によって、その能力の発揮には凹凸がある。だからこそ、全ての人が「自己の意見を形成する」ことが十分に出来るように、教員や支援者、親などの応援者が、その人の意思形成や意思表明を応援し続けていく必要がある。それが安心して保障される社会こそ、障害者や子どもの権利が護られる社会であり、ひいては全ての人の尊厳が保障される社会である。

この本を読んで、そのことを改めて感じた。

（2021/05/05）

ケアを軸にした社会をどう生み出すか

子育てをしながら、子どもという他者とどう向き合うか、をモヤモヤする時がある。めちゃくちゃ可愛い、でも、とんでもなくややこしいし、時に対応が面倒くさい。そして、思い通りにならずに腹が立つ時がある。その時に、娘は自分と違う他者である、という娘の「他者の他者性」を理解出来ていないのだな、と痛感する。だからこそ、磯野真穂さんの新書『他者と生きる――リスク・病い・死をめぐる人類学』（集英社新書）は、興味を持って読んだ。

この本は、往復書簡『急に具合が悪くなる』（晶文社）のお相手であり、亡くなられた哲学者の宮野真生子さんから託された「問い」を、磯野さんが全身全霊を込めて、人類学的知をかき集めながら深めて、考え抜いていくプロセスが詰め込まれている。その最終章で、統計学的人間観と個人主義的人間観、関係論的人間観の三つの人間観が対置され、検討されていく。その考察が、非常に興味深かった。

私たちが誰かと共にいるという「共在感覚」を持つ時、それは規則性をそこに感じ取っているからだけではない。目の前の相手が手持ちのいくつかの選択肢の中からひとつを選んで相手にそれを投げ放つ。それを受けて自分も同様の選択を行い、相手への投射を行う。このようなやりとりが互いの間でなされているとの実感が持たれる時、共在の枠は初めて双方の相互行為を支える枠として立ち上がる。（p246）

年長組の娘と、最近はボール蹴りをしばしばする。単にパスをし合うだけ、なのだが、それは非常にありありと娘と共にいる「共在感覚」をもたらす。ボール蹴りの場面であれば、彼女がボールをどんな風に蹴るか、あるいはいつ「ちょっと休憩する」とお茶を飲み出すか、「サッカーはもう止めとく」とジャングルジムに行くか、親は予測できない。もうちょっとボールを蹴っていたいのに、「もう止めとく」と突然宣言されることもあるし、「上ボールを蹴って！」と、バウンドするボールを蹴るよう指示されることもある。彼女がいつ・どのような選択肢を用いるか、は、僕には直前までわからず、そのたびに微調整が迫られる。娘に振り回される。

これは、僕のコントロールが出来る範囲内を超えている、という意味で、時には面倒くさい。娘と共にいると、親の僕につねに臨機応変さが求められる。標準化・規格化された対応とは全くかけ離れていて、振り回されている感覚もある。でも、変な話だが、そうやって娘と遊んでいる時、ありありと「娘と共にいる」という「共在感覚」を持つのだ。面倒くさいけど、面白い。

そして、その共在感覚を、同書の中では次のように深めていく。

相手の投射を引き受けるという選択は、相手の投射が自分を生み出すことを許容し、そこで生み出される自分を発見することである。関係論的人間観において、関係を持つ自己と他者はあらかじめ確定していない。投射によって互いが互いを生成し合い、それを見いだすことで「私」／「あなた」という存在が初めて生まれ出る。その「私」／「あなた」の生成の瞬間こそが関係論的時間における時間の萌芽であり、その関係性が維持され、その踏み跡が振り返られたとき、そこで私たちは関係性が編み出した時間という生のラインを発見する。

（p250-251）

仕事をバリバリこなす、とか、業績をじゃんじゃか生み出す、という生産性至上主義の枠組みにはまり込んでいると、その論理に合う形で統計学的人間観に己を切り捨てるか、あるいは他者との関係を切り捨てる形での個人主義的人間観に埋没しやすい。僕も、恥ずかしながら子どもが生まれるまで、そうだった。

でも、夜中だろうがお構いなしに泣き叫び、親がそこで関与しないとあっさり死んでしまう、究極の脆弱性（vulnerability）を抱えた赤ちゃんである娘を目の前にすると、こちらの勝手な都合は、まさにお構いなしになる。娘が泣き出す、という形で「投射」してきた何かを親の僕が引き受けないと、娘は命を失いかねない。そんな娘の存在や彼女の投射が、父親という僕を生み出すのだし、それによって「父」が生み出されたことを他ならぬ僕自身が発見するのである。泣き出す娘と、そこに対応しようとする父の僕という投射関係によって、「『私』／『あなた』という存在が初めて生まれ出る」。娘がボールを蹴ってくれないと、父は娘と遊べないのである。これはまさにケア関係が生み出される瞬間である。

そして、関係論的時間とは、ケアを主軸にした時間であり、それは統計学的人間観や個人主義的人間観における時間感覚とは違うものである、とも磯野さんは指摘している。

関係論的人間観の中で時間を捉える時、時間を生み出す自他は偶然から生まれ出た存在であるゆえ、「この私」「このあなた」が生まれ出る様相は直線では捉えることができない。それは偶然領域から必然領域に上昇する曲線を引くことで初めて表すことが可能となる。（p262）

予期せぬ偶然に支配された時、直線的時間感覚は歪む。そのことで強烈に思い出すのは、

2020年のコロナ下初期における学校の突然の休校期間である。あのとき、3歳だった子どものケアはどうなるのか、とか、親は仕事をどうしよう、とか、なぜ大人は満員電車に乗ることが禁止されないのに子どもだけ学校に行けないのか、など、理不尽な決定への怒りや当惑、不安の感覚に押しつぶされそうになっていた。そのなかで、娘と妻と僕の3人で、この危機をどう乗り越えながら、娘の成長を見守り続けることが出来るのか、必死で考えていた。パンデミックにおける学校閉鎖という、文字通りの未曾有の経験を前に、「この私」と「このあなた」からなるチーム家族の時間は、計画制御に基づく直線的な時間ではなくなり、3人の関係論的人間観の中での時間が育まれていった。

娘は公園遊びが大好きだ。でも、近所の公園の遊具には、「遊ぶな!」と言わんばかりに「立ち入り禁止」のテープが貼りまくられていた。三密を防ぐためのテープは、子どもの楽しみだけでなく、生きがいや存在をも封鎖しているように、親の僕には感じられた。それだけではない。4月から行くのを楽しみにしていたこども園も、連休明けまで役所の要請に基づき閉園となり、通えないことになった。公園にもこども園にも行けない。それでは娘のエネルギーが発散されない。本当の危機である。

だからこそ、その年の春は、ある種の「山ごもり」をしていた。誰もいない山なら、周囲の目も気にならないし、感染しようもないから、マスク不用で娘と遊ぶにはよいだろう。そう思って、家からチャリをこいで登山口にたどり着ける低山とか、20分ほど車を走らせたら到着する里山に、しょっちゅう出かけていた。3歳の娘は、足腰もしっかりしてきたので、何とか片道30分程度の登りなら、歩くことも出来るようになっていた。それらの山々に、父と娘で、時には妻も加わって、テクテク登り続けた。あのときの里山での濃密な時間って、「直線では捉えることができない」時間感覚だったように思う。

そういう全世界的な危機、だけでなく、子育てにおいては関係論的な時間にしばしば遭遇する。2017年に娘を授かってからしばらくの間、彼女が夜泣きしている時、朝の3時とかに、子どもを抱っこしながら子守歌を歌っていた。なぜか毎回のように「線路は続くよどこまでも」が出てきた。今から考えると、この夜泣きはいつ収まるのだろうと寝ぼけ眼で絶望的な気分になっていた父の無意識の反映が、「続くよどこまでも」というフレーズに投影されていたのかもしれない。子育ての先輩からは、「大変な時期って一瞬で過ぎるのよ」と何人にも言われた。そして、実際に過ぎ去ってみると、確かにその通りである。だが、その渦中でパニック状態にいる時は、「なにが一瞬やねん!」とその言葉にもキレていた。永続的に続く大変さのように感じていた。

そう、娘に起こされたあの夜中の3時は、直線的な時間がねじ曲がっていた。時計で計れば、子守歌を歌って娘が寝入るまでは、1時間もかからなかったかもしれない。でも、その時の僕自身の肌感覚では、夜中に娘の泣き声で起こされて、いつ泣き止むとも知れない娘をずっとあやし、常夜灯のみがついている暗い廊下で娘を揺らしながら「線路は続くよ」を小声で歌い続けていた。寝ぼけ眼の「この父ちゃん」が、泣き叫ぶ「この娘さん」の不快を取り除き、安心して眠れるように、抱っこしながら子守歌を歌い続ける。その時に、直線的な時間は偶然領域に大いに沈み込み、娘が寝静まるまでのあいだ、つまりは「必然領域に上昇する曲線」においては、時間が永遠に引き延ばされたような関係論的な時間を生きていたのだ。だからこそ、あの夜中の3時は永遠に続くかのように、長く長く感じていたのである。確かに、時間は歪んでいた。

子どもが生まれる以前の、生産性を高めるため、時間管理術の本を必死に読み漁っていた30代までの僕は、時間は標準化・規格化されたものであり、であるがゆえに、コントロール可能だ、と思い込んでいた。でも、子どもという具体的な他者と共に生き、彼女自身も標準化・規格化された時間を生きる前の状態であるならば、『この私』『このあなた』によって織りなされる時間は、直線的時間と大きく異なる。

関係論的時間は、想定外で「読めない」がゆえに、僕を苛立たせ、不安にさせる。だが、そんな時間があるからこそ、『この私』と『このあなた』の濃密で豊かな関係性を、ありありと実感させる。それはアンコントローラブルだ。でも、だからこそ、豊穣な時間なのかもしれない。そして、生老病死とは、そのようなアンコントローラブルな時間が増えることである。

先日、難病当事者のお二人と食事をしていたが、難病を抱えて生きる、とは、体調変化が予測不可能で、治療の方法論も確立していないことから、アンコントローラブルな自己や人生と向き合う日々だ、と深く教わった。そして、私自身は、子どもが生まれてから、ようやくアンコントローラブルな日々とは何か、を自分事として理解出来るようになった。すると、アンコントローラブルな時間領域を切り離した標準化・規格化された時間の表層性と暴力性、を少しずつ自分事として考えられるようになってきた。

最近、ケアを主軸にした社会はどうやって生み出せるのか、が僕自身の一つのテーマになっている。それは、「24時間戦えますか?」という昭和的おっさんの価値観がバリバリ出ている弱肉強食主義の社会とは対極である。ケアを必要とする娘（子ども）や障害者、高齢者のような脆弱な存在が、安心して生きていける社会。それは、標準化・規格化された時間とは対極的な時間の使い方である。生産性や効率性のみを重視した、予測可能な直線的な時間感覚以外を切り捨てない、という意味で、統計学的人間観や個人主義的人間観ではなく、関係論的人間観を大切にする社会のありようである。

「失われた30年」のあいだに、「24時間戦えますか?」が通用しない日本社会に実質的に変容している。にもかかわらず、２０２５年＝昭和１００年を前にして、長時間労働や単身赴任に象徴される、昭和的働き方を成仏させられていない。これが、日本社会の生産性の低さや、イノベーションの乏しさ、社会の閉塞性に繋がってはいないか。そして、それは、昭和的価値観を適切に弔うことが出来なかった、という風にも言えるかもしれない。

だからこそ、「24時間戦えますか?」的なマインドセットを「これまでありがとう。でも、もうそれでは生きていけないから」と適切に弔った上で、それ以外の時間感覚を獲得する試行錯誤がこの社会には必要とされているように思う。身近な他者とのケアし、ケアされるような時間を作り出す。その中で、関係論的な『この私』と『このあなた』を大切にする生き方に変えていくことができるか。それが問われているようにも感じる。

(2022/08/03)

「まっすぐなキュウリ」こそいびつなのだ

2016年3月31日付けの山梨日日新聞に、コメントが掲載された。山梨以外の人はご存じないと思うので、再掲した上で、少し書き足したいと思う。

＊

――発達障害がクローズアップされている。

「発達障害」と位置づけられる人が増えたと捉えている。1990年代以降、社会の効率化が進んだ。それまで発達障害の特性があっても地場産業で小商いなどの形で働けた人が2000年代に解雇されるケースは、事例検討に関わる市町村でよく聞く。

コンビニのアルバイトにもあらゆる業務が求められる時代になった。端末の操作やおでんの仕込み、商品の発注、補充もする。レジでは客の年齢層も打ち込む。コンビニ化される前の小さな酒屋や小さな商店では、一人何役もこなさなければならないアルバイトはいなかった。チェーン店になり規格化が進んだ結果、膨大なマニュアルを理解して様々なタスクをこなせる人材だけが求められ、それが出来ない・遅い人は要らないと言われやすくなった。

——環境の変化が要因か。

話を聞かない、そそっかしいなどの特性は、かつて標準の範疇だった。多少変わっていても関わり合う中でコミュニケーションを学び、社会に受け入れられていた。それが、社会全体の第3次産業化など雇用環境が変わる中で「問題」として顕在化した。発達障害者支援法により支援が進んだ一方、周囲が発達障害を「規格外」としてラベルを張る空気も強まっていると思う。

——周囲はどう捉えればいいのか。

かつて生きづらさは本人の疾病、障害に起因すると考えられてきたが、現在は本人だけでなく環境や社会参加の要因も入れた複合的な捉え方が広がっている。「障壁」は本人の中ではなく環境との間にある。周囲の「態度」も社会参加を阻害する要因になる。

全国的に特別支援学校・学級の大増設が広がっている。保護者からのニーズがある一方で「特別な人に、特別な配慮を、特別な場所で」という考え方が障害者を排除する方向に結びつかないか懸念している。発達障害の本人を排除せず、そう分類するようになった社会の変化にも目を向けるべきだ。

この記事が出た後、山梨では発達障害のある子どもを親が殺す、という事件が起きた。動機としては「息子に発達障害があり、育児に悩んでいた」と供述しているという。これは、残念ながら、昔から起こり続けている事件である。親が障害を持つ子どもの将来や、子どもへの支援に悩み、悲観し、無理心中を図り、子どもを殺す事件は、残念ながら高度経済成長期から、ずっと続いている悲劇である。

僕の発言と、この事件の記事を重ねて考えてみよう。結局、「障害者問題は、個人や家族問題だと考えられており、社会的な支援の問題だという認知がまだ薄い」のが、厳然たる背景にあるような気がする。「母が育児に悩んでいた」は普遍的課題だが、育児に悩むから子どもを殺したりするケースは殆どない。発達障害だけでなく、例えば特別支援学級に入ることなどで「規格外」とのラベルが貼られていなかったか。そのことによって、母親は子どもの問題を「特別な問題」と捉え、解決不能であるという悲観的予測を抱かせていなかったか。この母親は、こういう悩みを打ち明けるような「ママ友」やじっくり話を聞いてくれる支援者がいたのだろうか。

加えていうと、学校システム自体の課題も気になるところだ。このお子さんが、先に取り上げた、障害のある子を排除しない公立小学校である大空小学校に通っていて、「全ての子どもの学習権を保障する」という方針のもと、一般の子ども達と分け隔てなく育てられていたら、同じことが起こっただろうか。発達障害や知的障害のある子でも、他の子ども達と同じ環境で学び、その中でクラスメイトとお互いが「同じ部分」と「違う部分」を理解していたら、母の苦悩や背負いすぎた責任はもっと軽くならなかっただろうか。

学校現場の人手不足や事務量の多さは以前から指摘されているが、それゆえに以前に比べて標準化・規格化した対応が求められ、「手の掛かる子ども」は、「発達障害」とラベルを貼られて、特別支援学校（学級）に排除されている現状はないだろうか。そうではなくて、大空小学校のように、地域のボランティアの方々も学校の応援団として関わってくれて、先生以外の多様な目が学校の中で機能していたら、この母親はご自身の「しんどい悩み」も誰かに打ち明けたり、共感してもらえたりする場が持てたのではないだろうか。誰にも打ち明けられずに抱え込むというプロセスの中で、「うちの子は特別なんだ」という「違い」のみが強調され、他の子どもと「同じ」ような成長期の課題がある、という「同じ」の部分が見えなくなるような布置があったとはいえないだろうか。

僕は裁判官ではないので、この事件そのものを裁きたいのではない。だが、日本社会では、残念ながら未だに「障害は個人や家族の不幸」とされる現実がある。標準化や規格化が進む社会とは、社会が採用する厳しい基準に適合しない人が、「不適合」と排除されていくプロセスである。それは、曲がったキュウリも美味しいのに、スーパーに並べられず、下手をしたら廃棄処分されてしまう光景に重なる。曲がったキュウリだって、良い味という意味では「同じ」である。でも「見た目」の「違い」や、扱いにくい・梱包しにくいという「社会的な手間」が先立って、排除される。

しかし、実は「まっすぐなキュウリ」こそ、いびつなのである。

キュウリをまっすぐにするためには、おもりをつるしたり、クリップで挟んだり、という「矯正」がなされる。これは子どもに置き換えると、標準化・規格化の進んだ学校社会のルールや枠組みに適合しなければならない、とおもしや枠をはめられる「矯正」である。45分間は我慢してじっと座っていなさい。宿題はきちんとしてきなさい。先生の言うことをちゃんと聞きなさい。こういったルールを守るために、注意や指導という「矯正」がなされるのである。

その時、キュウリやその子自身が本来持っていた「伸びたい方向性」は、グイーっと「強制」的に雁字搦めにされる。それが、「空気」を強烈に気にする日本の若者達を作る元凶にある、とは言えないだろうか。この元原稿を書いた時点では、子どもが生まれていなかったのだが、2017年から子育てをはじめて、そのことを強く感じる。同じ月齢・年齢・学年……のお友達を見ていても、それぞれの子どもの「伸びたい方向性」は、本当に違う。本を読むのが好きな子、サッカーや駆けっこが得意な子、ピアノやダンスが楽しい子、一人遊びが好きな子、誰かと関わりたがる子……。我が家の娘さんの場合は、現時点で算数は不得意で、国語やおしゃべりは得意な感じである。でも、まだまだ未開発な「伸びたい方向性」を本人も親も探索し切れてはいない。

そう思えば、わが子が「まっすぐなキュウリにはなれない」のを悲観することも、またおもしやクリップで無理矢理「まっすぐ」に「強制・矯正」することも、どちらも子どもの本性を伸ばす、ということとは相反する、息苦しい・生きづらい現象ではないか。そして、その「まっすぐなキュウリ」への憧れは、子ども自身ではなく、親が世間的評価を気にし、それに追い詰められることによって、絶望的に抱かされた欲望である、とはいえないか。本当は誰だっていびつさや曲がった部分があるのがあたりまえなのに、「まっすぐなキュウリ」のフリをしないと排除されてしまうこの日本社会の現状こそが、親と子の生きづらさの背景にあるのではないか。すると、子殺しは絶対に許されないという前提に立った上で、親だけを糾弾しても、なにも社会は変わらないのではないか。

私たちの社会が誰にとっても「生きやすい・暮らし心地の良い社会」になるためには、この「まっすぐなキュウリ」が求められるような社会構造こそ、変えていかなければならないのではないか。そんなことを、つらつら考えている。

（2016/04/08）

第４章

学校・制度・資本主義

資本主義経済の裏で隠されているもの

新書とは呼べないほど、硬派で「歯ごたえ」のある新書を読んだ。

> 資本主義の特異性の一つは、構造的な社会的関係を、あたかも経済的関係であるかのように扱うことだ。実際、すぐに気づいたのは、そのような「経済システム」を存立させる、〝非経済的な〟背景条件について議論する必要性だった。それらは、資本主義経済の特徴ではなく資本主義社会の特徴なのだ。この点を全体像から消し去るのではなく、資本主義とは何かという理解に組み込まなければならない。それは、資本主義を経済よりも、もっと大きなシステムとして概念化することを意味する。
>
> （ナンシー・フレイザー『資本主義は私たちをなぜ幸せにしないのか』ちくま新書、p41）

資本主義について語ろうとしても、どこかで知識不足を恥じて語れない自分がいた。経済学の素養がないので、資本主義については語れないのではないか、と思い込んでいた。これは「資本主義は経済的関係である」という認識前提に基づき、資本主義を経済学的視点に基づいて考える、という焦点化である。僕はそれを当たり前のことだと思っていた。

だがフレイザーはその認識前提に異を唱える。私たちが資本主義にモヤモヤしているのは、「構造的な社会的関係を、あたかも経済的関係であるかのように扱う」からだ、と。「かのように」というのは、英語で言えばas ifである。つまり「構造的な社会的関係」を「経済的関係」だと仮定・縮減して話を進める、ということである。その仮定に基づくと見えないことがあるよ、と彼女は気づかせてくれる。資本主義「経済」が成り立つためには、その前提として「〝非経済的な〟背景条件」がある。この背景条件とは「資本主義『社会』の特徴」である。それであれば、経済学の枠組みに制約される必要はない。それだけでなく、「経済よりも、もっと大きなシステムとして概念化すること」が大切だと説く。

フレイザーはそこで、「〝非経済的な〟背景条件」として、「社会的再生産」「自然」「被征服民」「公共財」などの「搾取」や「収奪」を指摘する（p242-243）。先進国の人々が安価で買えるファスト・ファッションは、途上国における「被征服民」状態にある人々の低賃金労働という収奪が前提になっている。「24時間戦えますか」と残業や休日出勤、単身赴任もいとわず男性が働けるのは、家事や育児、ケアといった「社会的再生産」を女性に押しつける（＝不払い労働にする）ことによって、である。石油や天然ガス、天然水といった「自然」を収奪することによって、大資本が利益を得ているが、何百年、何千年とかけて作り上げた自然の恵みに対して、大資本は「返礼」をしていない。また、水道民営化とか行政の人材派遣会社への再委託問題に代表されるように、「公共財」を民営化することで、公的ななにかから営利を最大化し、住民サービスの質の低下も起こっている。これらは「搾取」や「収奪」に関わる話だ、と彼女は指摘する。

これらの話は、「〝非経済的な〟背景条件」であって、資本主義経済そのもの、ではない。でも、資本主義経済を高速度回転させる上での「当たり前の前提」であり、それによって、この社会がよりいびつな形に変質し、人々の生き心地が悪くなる、という意味で、「資本主義『社会』の特徴」である。それをわかりやすく描き出しているのが、本書である。

そしてケアを「〝非経済的な〟背景条件」と定義しなおすことによって、よりクリアに言えることがある。

社会的再生産の労働はどの社会においても不可欠である。ところが、資本主義社会の場合、その労働はもっと特別な機能も担う。それは、労働者階級を生み出して補充し、搾取によって剰余価値を吸い上げることだ。したがって、ケア労働は資本主義システムが「生産的」と呼ぶ労働を生み出すが、ケア労働そのものは皮肉にも「非生産

的」とみなされる。　（p104）

性別役割分業が進んだ社会におけるケア労働は、労働者が労働者として働けるように、世話することとされた。主婦が労働者の食事を作り、洗濯をし、シーツを交換し、子どもや年寄り、障害者の世話をした。生産年齢人口にある男性は、そのような主婦のケアを受けることで、やっと家の外で労働者として働く基盤ができた。そして、その労働者が給与分以上の働きをしてくれることで、はじめて資本家は「剰余価値を吸い上げる」ことができる。つまり、男性労働者が一日の大半を仕事に費やし、剰余価値を生み出して資本家が利潤を得るためには、その前提として社会的再生産の労働を女性に押しつける必要があるのだ。しかも、社会的再生産の労働は「生産的」な労働の「外部」＝「〝非経済的な〟背景条件」になるので、「ケア労働そのものは皮肉にも『非生産的』とみなされる」のである。

一見小難しい論理に見えるが、僕はこの指摘を自分事として捉えることができた。

僕が子育てを始めたとき、もっともつらかったのは、「ケア労働そのものは皮肉にも『非生産的』とみなされる」という認識前提だった。赤子のケアに必死で、毎日5回は洗濯をし、妻が母乳を出すための豚足スープをコトコト煮て味付けを毎日変え（週に一度は豚足を買い出しに行き）、夜泣きする娘に深夜付き合って子守歌を歌っているうちに、あっという間に毎日が過ぎていく。そのたびに、「今日は何にもできていない！」と嘆いていた。

でも、何もしてないわけではない。事態は全く逆で、子どもへのケアや、娘にかかりっきりになる妻へのケアを必死でこなしていたのである。にもかかわらず、「今日は何にもできていない！」と嘆く僕自身は、ケアをこれほど大切な営みだと日々感じながらも、自分はそのケアに従事している真っ最中でありながらも、「ケア労働そのものは皮肉にも『非生産的』とみなされる」という認識前提にガッツリはまり込んでいたのだ。だから、ものすごく沢山のことをしているにもかかわらず、資本主義的生産労働が出来ていないから、「今日は何にもできていない！」と嘆いていたのである。

そのような認識前提は、ひろく資本主義「社会」に共有されている。だから、介護や看護、保育などのケア労働は、コロナ下で「エッセンシャルワーカー」と称揚される一方で、非常に賃金が安い。それは「不払い労働をしている主婦でもできる仕事」とみなされ、低く賃金評価されているからだ。でも、自分がやってみて初めてわかったのは、社会的再生産の労働は、ものすごく高いスキルが必要で、気配りや配慮が求められる労働である。洗剤や出汁昆布、鉛筆やトイレットペーパー、酢や醤油など家族全員が必要とするあらゆる消耗品の使用状況や在庫を適切に把握し、切らさないように補充していく。子どもの機嫌が悪いとき、元気がないときは、風邪や副鼻腔炎、熱中症などの可能性がないかを気にかける。宿題や明日の準備が終わっているかを気にかけ、出来ていないならグズる子どもを応援して何とか出来るようにアシストする。新しく学校に持って行くもの一つひとつに油性ペンで名前を書く。夫婦で打ち合わせをしたくても、何か用事をしていても、子どもが「あのね」と話しかけてきたら一旦休止して、子どもの話をじっくり聞く。風呂やトイレ、台所の掃除やメンテナンスを怠らない。子どもが散らかした部屋を一緒に片付ける……。書きだしたらキリがないほど、毎日し続けるタスクで溢れている。ものすごくスキルと気配りや配慮が求められる労働なのだ。

にもかかわらず、専業主婦という「不払い労働者」にケアを託してきた歴史があるという理由だけで、「非生産的」とラベルが貼られ、賃金が低く据え置かれることには、がまんがならない。またこの資本主義「社会」の構造に、「生産労働」に埋没しているおっさんはあまりにも無自覚だ、と子育てをし始めた僕は感じている。ケアを天然水と同じように、タダで搾取してよいのか、と。

資本は、ケア労働にまったく何の（金銭的）価値も認めない。無償で無限に利用できる活動として扱い、ケア労働を維持する取り組みをほとんど、あるいはまったく行なわない。このような放置状態に加えて、際限なく蓄積する資本の苛烈な衝動を考えれば、資本主義にはつねに、みずからが依存する社会的再生産のプロセスを不安定に

する恐れがある。（p203）

これに関して、少し角が立ちそうなことを書く。

子育て世代の夫婦の間で、会話が十分に出来ているだろうか、が気になっている。子育てにおいては子どものことで、様々な心配ごとが生じている。でも、共働きであっても、ケア労働の大半を妻に任せっきりになっているご家庭は未だに少なくない。すると、子どものことで心配ごとや不安があっても、夫が全然取り合ってくれないとか、「それはあなたが考えること」という形で妻に押しつける夫、という構造がないだろうか（夫と妻の役割が入れ替わっても同じである）。そうすると、夫婦間での会話がなくなったり、あるいはセックスレスになったり、という形で、様々な心身のコミュニケーションの回路が閉ざされていっては、いないだろうか。

これは一見すると、夫婦間の性格や性の不一致という個人的な問題に思える。でも、例えば長時間労働や休日出勤、あるいは単身赴任などの負担が大きいと、ケア労働に向き合う余裕も体力も時間も奪われる。また、そのケア労働に向き合う側だって、共働きで、時間を何とかやりくりしながら、家庭を回すためのケアをしていたりする。そんな中で、「ケア労働を維持する取り組みをほとんど、あるいはまったく行なわない」状況が続けば、夫婦関係には深刻な亀裂が生じる。資本主義が「みずからが依存する社会的再生産のプロセスを不安定に」した結果として、現代日本社会で離婚やシングル家庭が多くなったのではないか、という問いも出てくる。

「無償で無限に利用できる活動」にもかかわらず、ケア労働は多大なエネルギーを必要としている。そのエネルギーを、誰かが一方的に負担させられていないか。また、無償で無限に利用できる＝当たり前のことだと舐めきって、普段から敬意や感謝の念を抱かず、言葉に出さず、ただ乗りしていないか。そのケア労働をしている当事者がぶち切れたり、エネルギーが枯渇したりしないように、不安や心配ごとをゆっくり聞き、「ケアする人へのケア」が具体的になされているか。こういう面倒くさいことをしっかりしないと、ケア労働における不均衡や非対称性、ひいては搾取やただ乗りまでが横行し、それが結果的に仮面夫婦や家庭内別居、離婚などに繋がっていないか、が気になっているのである。

そして繰り返しになるが、それは個人の家庭の問題「だけ」ではなく、「社会的再生産の収奪プロセス」なのである。資本主義社会の論理で生きている中で、夫婦関係や家庭環境がいつの間にか収奪プロセスの中に組み込まれていないか。その流れにNOと言えるか、という問題でも、あるように感じている。

資本主義経済の批判、というと、自分の普段の暮らしから離れた、大上段に構えるような「おおごと」に思えるかもしれない。でも、夫婦でコミュニケーションが出来ないのはなぜなのだろう。そもそも子どもを作りたいとか結婚したいと思えないのはなぜだろう。

社会や世間の求める「よい子」になってしまって、自分のしたいこと、やってみたいことがずっと後回しになるのはなぜだろう。このような素朴な疑問に対して、「際限なく蓄積する資本の苛烈な衝動」が背景にあるのではないか、と補助線をいれて考えてみることは、フェミニズムの名言である「個人的なことは政治的なことである（The personal is political）」というテーゼにもつながる。『経済システム』を存立させる〝非経済的な〟背景条件」に思いを馳せること。逆に言えば、「経済システム」に奉仕するために「〝非経済的な〟背景条件」を切り捨てたことにより、自分自身の人生がつまらないものになっていないか、を疑ってみること。

フレイザーの新書は、そういう「問い」を読者にもたらしてくれる一冊である。

（2023/11/21）

「平均の論理」は「社会的排除の論理」

歴史は高校生の頃から、嫌いになってしまった。それは教科としての歴史で、暗記しなければならない事項が爆発的に増え、それが嫌になってしまったのだ。だから、センター試験は倫理・政経で受けたし、未だに歴史コンプレックスがある。大人になって、世界史も日本史もちゃんと流れを知っていないことで、ずいぶん損した気分になったし、『マンガ世界の歴史』も買っているけど、未だに本棚に積ん読状態だ。

そんな僕でも、食い入るように読み終えた「歴史といま・ここをつなぐ一冊」があった。それが、藤井渉さんの『ソーシャルワーカーのための反『優生学講座』――「役立たず」の歴史に抗う福祉実践』（現代書館）である。何が良い、って、いま・ここ、で疑問に思わず口にしているフレーズや考え方、価値前提が、歴史的にどのように構築されてきたか、を辿る一冊だからだ。例えば、こんな風に。

「障害者を納税者に」との論理自体は少なくとも100年前から繰り返されてきた古典的なものであり、「社会が低能者の害毒から免れる」という認識との関連性を考えずにはいられません。また、障害者への教育や就労支援が結果的には社会の「コスト」抑制につながる、という論理も同様に100年前から語られていました。そして、障害者の「コスト」をめぐっては、間接的であるにせよ、優生学思想も具体的に絡んで述べられていたのです。（p95）

21世紀に入って、障害者就労は劇的に進んできた。確かに「障害者を納税者に」というのは、聞こえのよいフレーズである。だが、「納税者」というラベルに「社会に役立つ人」と価値付与をすると、そこから「納税の出来ない障害者」は「社会のお荷物」となってしまう。この二項対立に基づけば、「社会が低能者の害毒から免れる」という、今の社会から見れば明らかに差別的な100年前の論理だって、そうは言わないけど現在も地続きである事が見えてくる。入所施設や精神病院の削減、あるいは就労支援やインクルーシブ教育を「コスト」論で語りたくないのは、「社会のコスト抑制」というのが、実はナチス・ドイツの障害者殲滅計画（T４作戦）と地続きであるからだ。

ナチス政権下では治療ができない人たちへの「安楽死」、つまり殺害が論議され、そこでは国家的な「コスト」となる障害者がピックアップされていた状況が見られます。当時のプロパガンダでは、その「コスト」を強調したプラカードが多々用いられていました。

障害者の「コスト」の計算は、元々、施設を対象にした社会調査をもとに行われていた形跡が見られます。その調査では重度知的障害者の保護に年間一人あたり平均1300マルクを費やしているとされ、その人口は2~3万との推計があり、平均寿命を50歳と設定したうえで、莫大なコストを非生産的なものに費やしていることが強調されたりもしていました。そこには、障害者が生まれることによって、「コスト」が積み重ねられていくという、将来予測までを踏まえた「遺伝的価値」が問われていた状況が見られます。(p126)

書き写していても寒々しくなるが、「納税者」と「社会のお荷物」を分けた上で、納税できない重度障害者に年間1300マルクかかり、その人が50年生きたとしたらいくらかかり、2万人いると年間いくらかかるか、を全て計算して、それが「莫大なコスト」である、と「客観的」に計算できてしまう。より集中的な支援の必要がある人に、これくらいの税金が投入されています、というところまでは「客観的」だけれど、それはすぐに「これほどの税金を投入するだけの価値がありますか?」と価値判断に論点がすり替えられる。

一見すると中立に思える「コスト」計算は、「実はそのコストは無駄ではないか」という排除の論理に繋がる。

「障害者が生まれることによって、『コスト』が積み重ねられていく」。この論理から、こんなコストを「非生産的なものに費やす」余裕がありますか?あなたの税金ですよ?と、論理が飛躍していく。そして、そのような「非生産的」な存在を「モノ」扱いにするからこそ、障害者をガス室に送り込んで「安楽死」させることも肯定してしまう。つまり、貴重なお金のためには、人殺しもやむを得ない、という論理がナチスの政権下ではまかり通っていたのである。そして、さすがにガス室に送り込むことは日本ではしていなかったが、「非生産的」で「社会のお荷物」とラベルが貼られた重度障害者の「遺伝的価値」を淘汰するための強制不妊手術は、日本でも第二次世界大戦後も続いてきた。また、相模原の障害者連続殺傷事件の犯人は、「役立つ障害者かどうか」で殺害対象を選別していた。つまり、いま・ここの私たちの社会の価値判断と、80年前のナチス・ドイツのT４作戦の価値判断も、隔絶されたものではなく、連続性のあるものだ、というのが藤井さんの論からわかってしまうのだ。

そして、このような排除や選別の論理は、そこかしこに根深く浸透している。

社会では熱心に人を「平均」と比較し、「異常」として判断することをあまりにも軽々に行っています。偏差値もそうですし、新型出生前診断はその典型だと思います。一方で、社会が「異常」と見なした人たちが、今度は「普通」を求める場合はあまりにも道は険しく、社会は途端に無関心になります。

つまり、「異常」を判別するために「平均」が軽々しく用いられる一方で、「平均」の論理で排除されてしまった人たちが、隔離され、社会的に不利を背負わされた後で、地域社会で「普通の生活」を送りたい、「平均的な生活」を送りたいと言った場合は、「なんでそんなこと言うんですか？」といった態度で、あまりにも無関心になる。社会にはこういう姿勢のギャップがあって、それを本人は日常生活のあらゆる場面で見せつけられてきているのです。

（p39-40）

「新型出生前診断」は、本当に簡単に出来る。妻が妊娠中も、「できますよ」と医師から言われた。だが、私たち夫婦は相談した上で、「検査は受けません」と断った。これから生まれてくる待望の命に対して、『「平均」』と比較し、『異常』として判断すること」にどのような意味があるのか、それをして染色体異常がわかったら堕胎するのか、そのような神のような選別的な眼差しを私たちが持てるのか……。こういったことを夫婦で話し合った上で、検査を受けてしまったら気持ちがグラグラ揺れてしまいそうだから、そんな検査を受ける必要はない、と価値判断したのだ。

また、入所施設や精神病院からの地域移行や、特別支援学校ではなく普通学校での学び合いというインクルーシブ教育について授業で話をすると、その必要性に違和感や疑問を持つ声も学生からしばしば聞く。特別な支援が必要な人に向けた専用の施設や病院、学校があるから、それでいいではないですか？　地域の中で一緒に暮らすのは手間もコストもかかりますよ、と言わんばかりの問いである。特にインクルーシブ教育に関しては反発も強く、障害があり暴れたり他の子に迷惑をかけたり、授業の進度が遅くなる原因になる子どもは、特別な場所で、特別な先生と学んだ方がよいのではないか、と、毎年一定数の学生が答えてくれる。

でも、藤井さんが言うように、そもそも「専用の施設や病院、学校」が作られるのは、『異常』を判別するために『平均』が軽々しく用いられる一方で、『平均』の論理で排除されてしまった人たちが、隔離され、社会的に不利を背負わされた」というプロセスの「後」なのである。「平均の論理」で「異常」とラベルが貼られ、一般社会からの排除・隔離によって、社会的な不利を背負わされている。このことに関する認識や自覚がなく、包摂や統合の議論に「なんでそんなこと言うんですか？」と無自覚に疑問を投げかけるのは、あまりにも、排除の歴史を自覚していない、ということでもある。

そして、この「平均」の論理は、偏差値の論理でもあり、社会的排除の論理でもある、と藤井さんは整理する。

優生学では、本来複雑であるはずの人の「才能」や「知能」に正規分布の人口構成を措定、あるいは断定しながら、その平均から外れた人たちを「異常者」だとして、その人たちを当時の言葉で「精神薄弱者」と言って蔑視していった思考や経緯が見えてきます。

（p158）

偏差値がどれくらいだから、どの高校や大学に入れる。ごく当たり前のように使っていた、このフレーズ。でも、それは「本来複雑であるはずの人の『才能』や『知能』に正規分布の人口構成を措定、あるいは断定」するプロセスである。模擬試験や入学試験で、人の才能や知能をバッチリ測れる訳ではない。あくまでも目安だし一つの基準に過ぎない。でも、それに縛られると、東大出身の人は賢い、Fランク大学を出ても意味がないとか、そういう表層的な差別や偏見に囚われてしまう。

ものすごく恥ずかしい話なのだが、僕もかつて、めちゃくちゃ偏差値に囚われていた。大学受験の際、京都大学に「門前払いされた」経緯から、東大や京大を出ている人に劣等感を持っていた。それだけでなく、その人がどこの大学を出ているのか、で、偏差値ランキングに換算して、自分より賢いとか、そうじゃないとか、そういうラベリングをしてしまっていた。本当に最低な奴だった。

その目線から自由になり始めたのは、30歳で山梨学院大学に勤め始めた後。ボーダーフリー大学と言われ、「偏差値30台から公務員になれる大学」など酷い言われようをしていたが、優秀な学生が実は沢山いた。スポーツで日本一になりたいから、都心の大学の推薦を蹴ってきました、という学生もいたし、受験勉強が嫌いだったから身を入れて勉強してこなかったけど、大学に入って学ぶ喜びを初めて知った、という学生もいた。そういう学生たちと向き合っていると、正規分布で輪切りをする学力なるものが、いかに人の有り様の一部分しか見ていないのか、に気づかせてもらうきっかけとなった。

偏差値に代表される正規分布は、「正常」と言われる範囲を決めて、その範囲から逸脱する人を「異常」とみなし、そういう「異常者」を排除してもよいという差別の論理に科学的なお墨付きを与えた。言語表現が出来ない障害者をガス室で抹殺したり、刃物で殺傷したりする。それだけ聞くと、おぞましいと感じる。だが、それに「もっともらしい」「合理的な」理屈を与えて正当化するために、平均からの逸脱や正規分布などの統計学的知識が用いられ、殺人と言わずに「安楽死」「優生保護」などの曖昧なフレーズを用いることで、「民族の質の向上」といった「やばそうな考え」を合理化していく。そこに科学が加担していった歴史と、偏差値の歴史には、土台が一緒、という共通性があるのだ。

藤井さんの本を読み進める中で、19世紀から20世紀初頭に隆盛した優生学や、世界大戦期におけるその「応用」など、一見すると昔話に思える出来事が、いかに自らの「いま・

ここ」の価値前提に直結しているか、が見えてきて、恐ろしくなる。でも、絶対に知っていた方がよい。特に、「支援」に関心がある人には、その支援が誰のため、何のためか、を土台から考える上で、この本は批判的に物事を捉えるための重要な補助線となるだろう。何度か読み返したい一冊だし、注や参考文献が恐ろしく充実しているので、ここから色々な文献を辿ってみたいとも思う。

（2022/05/07）

「学力工場」と偏差値序列

気になっていた『学力工場の社会学——英国の新自由主義的教育改革による不平等の再生産』（クリスティ・クルツ著、明石書店）を読み終えた。イギリスの貧困地域における公設民営の中学校（ドリームフィールズ校：仮称）において、厳格な規律遵守と学力向上に向けたガリ勉的な仕組みを導入したところ、学力テストでうなぎ登りになり、この学校は移民の多い地域であったにもかかわらず、白人中流階級の子どもたちも受験に殺到するようになった。そんな学校でのフィールドワークやインタビュー調査に基づき、ブレア政権以後、「教育」に力を入れるようになったイギリスでの新自由主義的改革が、どのような能力主義的な序列化に繋がったか、を解き明かしていくモノグラフ。ここのところ、能力主義は僕にとって一大テーマなので、食い入るように読み進め、読み続けるうちに自分の過去を思い出して心苦しくなりながら、読んでいた。

この学校の校長は、多文化が共存する下町の中等教育の現場で秩序を維持する戦略として、次のように述べている。

六人とか七人の生徒のグループが集まっていることを認めていません。万一、生徒の大きなグループが集まっているのを見たら、その生徒たちがバカなことや暴力を引き起こさないよう、〔グループを〕解散させなくてはなりません。（p91）

そして、規律を破った場合は、肺活量の大きい教員によって「大声での叱責」が行われたり、学校での居残りをさせられるのであった。また、放課後も学校周辺で街路を回り、制服の正しい着用や買い食いなどをしていないか、も厳しくチェックしていた。そこには「数量化できる学習成果を確実に絶えず生み出せるようにするための監視・強圧・分断・監査」（p116）が働いていた。そして、この「監視・強圧・分断・監査」は学生だけでなく、教員にも向けられていた。校長や経営層は、会社のように各個人のクラスの成績を査定するし、教員達が連帯しないように、職員室も置かず教科ごとの控え室しかなく、教員の労働組合もなかった。それは全て、ダウンタウンにおいて「掃き溜めの学校（sink school）」に陥らないための、学校全体を通じての「総力戦」的なやり方であった。

アンビバレントな感情が、ドリームフィールズ校のプロジェクトの中心に位置付いている。すなわち、幸福と楽しさを約束する将来の幻想が、高いレベルの統制や規律、治安主義化に対する今現在の忍耐と結び付いている。ドリームフィールズ校は数多くのテクニックを融合して、感受性の強い若者たちを、市場への参加を通して価値を獲得することに自らを投じる、自己構築型の個人へと成形しているのである。（p225）

僕はこの本に書かれている「テクニック」を知っている。というか、僕の中学や高校時代を通じて、このテクニックが僕自身にも行使され、それを内面化・身体化してきた過去がある。

僕が生まれ育った京都の下町の公立中学校は、ある種の問題のるつぼであり、「掃き溜めの学校（sink school）」に類似した部分もあった。ボンタンを着ている「不良」もいたし、シンナーを吸っているから歯が欠ける、というクラスメイトもいた。原付バイクはどうやって盗めるか、とか、リミッターを切るとスピードが出るとか、そういう話も聞いたことがある（もちろん、僕自身は手を染めなかったが）。そんな学校における秩序維持のためには、大声で叱責する教員が何人かいた。激高して机を蹴り倒す教員もいたし、パンチパーマで恫喝して不良学生たちを震え上がらせる教員もいた。

そして、今回この本を読みながら思い出して真っ青になっていたのだが、中学の時に教員から受けた「恫喝の論理」を、他ならぬ僕自身も内面化したことである。大学教員になった後、大教室で学生たちがガヤガヤしている時に、「やかましい」「しゃべる奴は出て行け！」と恫喝的に声を上げたことが、何度もあったのだ。あれって、よく考えたら、中学の時に僕がされていた「治安主義化」の「テクニック」の再生産だったのだ、と、この本を読みながら気づく。そして、自らがその「治安主義」を内面化していたことにも、全くの無自覚であった。

中学時代の僕は、受験勉強をガッツリする塾に入って、毎晩12時近くまで塾にいたので、学校での勉強は出来たし、学校ではしばしば居眠りしていた。そのおかげで⁉不良の友人からは一目置かれ、彼ら彼女らに勉強を教えていたので、いじめられることもなくサバイブ出来た。でも、「幸福と楽しさを約束する将来の幻想」のために、長時間の受験勉強を余儀なくされ、耐え続ける中学時代だった。

その後、進学校の高校に入学後、たまたま入った写真部は、僕にとっては格好の「逃げ場」となった。当時は白黒のフィルム写真を自分たちで現像し、印画紙に焼き付ける「暗室」が部室だったので（と書きながら思うのですが、暗室って死語ですね）、教員達の公的支配から逃げることが可能になった。様々な薬液を保存する冷蔵庫も部室にあったので、そこにジュースなどを隠し置くことも出来た。また、暗室作業中だと中から鍵をかけて立てこもることができるので、教員に見つかったら目障りなものはそこに隠しておくこともできた。教員の監視や管理の目から逃れる場所が見つかったのだ。

そうやって、公的支配から距離を置いた場所に入ってみると、それまで必死にやってきた受験勉強が、本当につまらなくなってしまい、どんどん成績が急降下していった。それを今振りかえってみるならば、軍隊式の学校や塾生活の反発、という表面的な事情だけではなく、「高いレベルの統制や規律、治安主義化に対する今現在の忍耐と結び付いている」という実態への心身の反発や疲労だったようにも、思う。管理や統制で、自分の魂が消えかけていたのだが、暗室という逃げ場のおかげで、何とか自分の魂の炎は消えずにすんだのかもしれない。

中学や高校の頃は、大学に入れば、「今現在の忍耐」は「終わる」と思っていた。だが、いったん内面化されてしまった規律権力から、そんなに簡単には自由になれない。それが、先に書いた「偏差値信仰」である。

大学1年生の頃から大学院生時代の9年間、予備校や塾講師、そして家庭教師をし続けてきたのだが、これは僕の性に合っていた。高校2年生で「英語の偏差値が30台なんです」という生徒には、中学1年生の「最高水準問題集」からやり直してもらい、数ヶ月で偏差値を50台以上に持ち上げる「成果」をもたらすこともできた。良い英語の先生に恵まれなかった、勉強が出来ずに自信喪失していた高校生に、「今からでも頑張れば大学には入れる」と元気づけ、エンパワーしてきた「つもり」だった。でも、僕自身が当時やりがいと自信を持って取り組んでいたその塾産業の仕組み自体が、「来たるべき未来に奉仕するために、現在の労働に耐えるべきだ」という論理の内面化である。つまり自分が受けてきた教育の再生産プロセスに関わっていたのだから、偏差値至上主義の論理を捨てられるはずもない。

だが、その呪縛を相対化出来るようになったのは、前にも書いたが30歳の時に就職した山梨学院大学で過ごした13年間だった。「偏差値30台から公務員になれる大学」とか、ウェブ記事にひどい書かれようをしていたが、実際には魅力的でオモロイ学生が多く、勉強の面白さや学びのコツを理解していないだけで、実際にそれを理解すると、進んで面白がって学びを深める学生たちと出会い続けてきた。山梨時代に出会った学生たちは、良い意味で「権威への従順さ」を中高時代に鍛えていなかった人が多かったので、批判的に物事を考える、という批判的思考を、大学生時代の僕よりも遙かに柔軟に受け入れていた。能力主義で人を馬鹿にするような、大学時代の僕のような「嫌な奴」もほとんどいなかった。

そして6年前に今の職場である県立大学に移ると、学生の雰囲気が一変する。やんちゃな子は少なくて、受験勉強をコツコツ積み重ねてきた、「よい子」が多いことに気づいた。しかしそれは、親や教師が求める「よさ」を内面化していることでもある。すると、「市場への参加を通して価値を獲得することに自らを投じる、自己構築型の個人」になろうと努力してきた学生達のなかには、「この授業は意味があるか、無駄か」を必死になって査定をし、自分が無駄だと判断することはしたくない、という「自己構築型の個人」も一定数いるように思う。そして、そのような学生達に、能力主義そのものを問い直すような授業をすると、大きな反発をくらうこともある。

僕は授業において、一方的にパワーポイントで話し続けるというようなことはしない。事前課題として資料を読んできてもらった上で、その内容について自分たちはどう思うか、を小グループで議論してもらう。その上で、全体討論として議論を開いて、何人もの学生にマイクを渡し、自分の意見を述べてもらうのだが、このスタイルは、「よい子」の学生ほどしんどいという。それはなぜかと尋ねてみたら、何を言えば教員の求める「正解」なのかがわからないから、と述べてくれた学生もいた。

今まで「高いレベルの統制や規律」に従おうと必死になり、その振る舞いによって教員から、またテストで評価されてきたのに、その作戦が僕の授業ではうまくいかない。それだけでなく、「あなた自身はこの社会問題についてどう考えるの?」と問いかけられることによって、「模範解答」のない大海原に放り込まれるのだ。中学高校と教員や授業システムそのものへの疑いや問いを封印し、自発的に従うことで点数を獲得してきた学生たちが、封印してきた「自分の意見や声」を取り戻すのは簡単ではない。

そして、それは20代までの僕自身の姿でもあったのだ。

ドリームフィールズ校がより優れた質を備えるためには、この変容のプロセスの外部に、問題のある「他者」が存在しなければならない。生徒たちは、ドリームフィールズ校に通うことを誇りに思うかもしれないが、これは、学校の内と外の双方に根強くあるヒエラルキーというより広い問題に対処するものではない。病理はこのゼロサム・ゲームのどこか他の場所へと移動する。そして、ドリームフィールズ校が偉大になるためには、危険視された空間が継続的に存在しなければならない。（p320）

メリトクラシー（能力主義）の最大の問題点が、ここに詰まっている。誰かより秀でている、と比較した上で優位になるためには、「問題のある『他者』が存在しなければならない」のである。偏差値が上がった、と喜んでいるが、それは他の誰かが下がることによって成し遂げられるものなのである。そうして、偏差値という一元的な評価尺度で序列化することによって、「危険視された空間が継続的に存在しなければならない」し、「病理」を他者に押しつけておしまい、になってしまう。

僕がいた「掃き溜めの学校（sink school）」と見なされた公立中学は、その後福祉を学んだ大人の視点で見返すと、低所得者層の多い・家庭環境が複雑な・しんどい家庭の多い地区にある学校だった。そこに通う子ども達が怠けているとか不良とかになるのは、大人のしんどさを子どもが内面化していたからだ、とも言える。「問題のある『他者』」として放置されていた地域だからこそ、そこでの教育は恐怖政治によって支配されていた、とも言える。それは大学院生の頃から関わり始めた精神病院とも共通する。「問題のある『他者』」を排除する「危険視された空間が継続的に存在」することによって、「あの人とは違う」という形で自分のまともさを担保しようとする。そのような能力主義的で排除的な論理が、機能し続けてきたのだ。

僕はそのことに、20代まで全く無自覚であり、大学教員になった30代からやっと少しずつ、学生から学ばせてもらった。そういう意味では、この本は現代イギリスの人種や階級格差と学力格差の問題を主題化した本なのだけれど、日本の教育にも通底するし、日本の「学力工場」的な問題も、ずっと以前から根深く起こり続けている問題かもしれない、と感じている。

最後に、個人的なメモワールを。この本の訳者のお一人、濱元伸彦さんは、20年程前、同じ学部の後輩で、学部の「学生控え室」という名前の溜まり場で関わりを持っていた。あの当時の、のんびりとした・朴訥な性格の好青年というイメージだけが記憶に残っているのだが、20年後にこんながっちりとした学術書を、しかも読みやすくてわかりやすく翻訳してくださる立派な研究者になられているとは、思いも寄らなかった。そんな彼が、訳者解説でこんな風に書いている。

我々の「学力向上」の取り組みの行き着く先を「学力工場」にしたくなければ、「よい教育とはなにか」という問題について、教育に関わる多様な主体が対話に参加し、学校という制度とその民主的価値に関する言説を豊かにしていくことが重要であると言うことが、本書を読み改めて感じられる点である。（p387）

この濱元さんのまとめについては心から同意する。義務教育の時期に公立学校で学ぶことの意義は何か。それは、教科学習を学ぶこともちろんだけれど、それ以上に、多様な友達と関わる中で、民主主義や民主的価値を学ぶことであるはずだ。学力の「向上」を追い求めるうちに、気づけば学力「工場」として標準化・規格化・序列化された人間を生産しないためにも、改めて学びとは何か、を考え続けなければならないと感じている。

（2021/08/27）

チームがあれば孤独は乗り越えられる

オープンダイアローグという言葉を聞かれたことはあるだろうか？

フィンランドの西ラップランド、つまりは辺境の地の精神科病院であるケロプダス病院ではじまった実践である。薬物療法で治療しても長期入院患者が一向に回復しない。そのことを疑問視した病棟スタッフ達が、病院に入院する以前の、急性期の段階における関わり方を変えるべきだ、と感じ始めた。医者も看護師もソーシャルワーカーも、病棟スタッフ全体が家族療法という心理療法を学び、急性期の患者や家族からのSOSの電話があれば、24時間以内に訪問するか病院に来てもらって、本人や家族、本人が呼びたい友人や関係者と、病院の多職種の専門家が、毎日のように対話を続ける。その際、幻聴や幻覚など、従来聞いてはいけないと言われた病状についても、本人が取り上げたければ話をしてもらう。そうやって、毎日のように専門家と患者家族などのチームで、本人の生きづらさやしんどさについての対話を重ねるうちに、症状が治まったり、場合によっては病気が消失したり、薬物治療の必要性がなくなったりする。そういう新たな精神医療のアプローチである。日本でもこの10年くらいで大きく着目され、僕自身も2015年にケロプダス病院へ取材をして以来、その可能性を大きく感じている。

そんなオープンダイアローグを日本で実践し始めた知り合いの精神科医の本を二冊読んで、腑に落ちたことがある。それは、実は旧来のシステムの中にいる精神科医ってめちゃくちゃ孤独な存在だ、ということだ。縛る・閉じ込める・薬漬けにする、という治療では、うまくいかない。でも、それ以外のやり方を教わっていないし、どうしていいのかわからないし、序列やヒエラルキーの激しい日本の医療界にあって、看護師やソーシャルワーカー、ましてや患者や家族にどうしてよいのかお尋ねするなんてことは「してはいけない」と思い込んでいる。だからといって、医局の先輩が教えてくれる訳でもない。すると、精神科医は孤独に陥るか、居直って独善的になっていく。

『まんが　やってみたくなるオープンダイアローグ』（医学書院）の第9章「タマキ先生のビフォーアフター」に出てくる斎藤環さんは、社会的ひきこもり支援の第一人者であり、数多くの著作もある有名精神科医である。そんな彼も、治療者としては一人で患者を抱え込んで独善的になっても治療は上手くいかなかった。その傷つき体験以後、患者から距離を取って孤独に陥り、医療スタッフからは「斎藤ロボ」と陰であだ名がつけられていた。それは、彼の個人的性格というよりは、薬物治療で上手く治療が出来ない患者に対して、それ以外のやり方を彼自身が知らないし、どうして良いのかわからず、袋小路に陥っていた、だからロボットのように患者に機械的に対応していた、ということでもあった。一般的に、精神病を抱えた人こそ孤独であり、治療者はその孤独を和らげる仕事をしている、というイメージを抱きやすい。でも、タマキ先生自身が、「患者を治せない」という現実を誰にも打ち明けられず、一人で抱え込んで孤独になり、それを他人にカミングアウトすることさえできなかったのだ。

そんな「斎藤ロボ」は、オープンダイアローグに出会って、文字通りロボットから人間に戻れた。彼は「治せないと告白できない孤独な精神科医」という「専門職の鎧」を脱ぐことが出来たのだ。自分一人で治療できない患者さんの支援に関しては、看護師や臨床心理士、ソーシャルワーカーなどに助けてもらう必要性を理解し、実際にチーム医療に取り組むことで、自分一人で患者と向き合う孤独を乗り越えることにもつながった。その結果として、煮詰まっていた治療関係を開くことが出来た。その意図せざる結果として、診察の間に笑いも増え、「斎藤ロボ」ではなくなっていった。支援チームと一緒にダイアローグに関わることで、斎藤さんは圧倒的な孤独から解放され、「当事者が自発的にふるまうことのできる空白（スペース）を生み出すための対話」（p145）をはじめることができた。それは、斎藤さんの治療観のパラダイムシフトであり、「斎藤ロボ」が人間に戻るために必要不可欠な経路であった。

そして、孤独なのは「斎藤ロボ」だけではなかった。

「先生は変わったね。昔はロボットみたいだった」

私はＡＩのように、正しい方法を見つけることで、人を助けようとしていたのかもしれない。医学を必死に学ぶほど、私の脳は「標準化」されて、私の言葉は技法のようになっていたと思う。

（森川すいめい『感じるオープンダイアローグ』講談社現代新書、p93）

ホームレス支援を巡るテレビのドキュメンタリーでも取り上げられた、こちらも有名な精神科医の森川すいめいさんも、その昔、ロボットのようだったという。斎藤さん同様、誠実に治療に取り組んだ医者であり、両者とも従来の治療に煮詰まりを感じて、オープンダイアローグに出会った精神科医である。森川さんの言う「医学を必死に学ぶほど、私の脳は『標準化』されて、私の言葉は技法のようになっていた」というのは、非常に象徴的な発言だと思う。

標準的な近代合理的・線形的因果論に基づいた医学を真面目に学ぶと、生物学的医学が主流となる。ホルモンの分泌が減ったから意欲が低下する。であれば、その意欲低下を補うために、ホルモンバランスを整える薬物投与をするとか、外科的手術で改善を目指すとか。そのような原因と結果が一直線に（＝線形的に）結びついたのが近代医学である。その結果として、標準化・規格化された知識が沢山身につく。通常の医師は、このような標準化・規格化された知識に基づいた医療を行う。

だが、それは精神医療では通用しない。一体なぜか？　精神症状として病気が最大化する以前に、生きる苦悩が最大化しているからだ。過労で職場に行けない、夫婦（親子）関係が最悪で人を信用出来ない、失恋で生きる希望を失った、返しきれない負債を抱えて死ぬことばかり考えている……こういった生身の人間の生きる苦悩の最大化した姿には、標準化・規格化された医療知識は役に立たない。それは生物学の対応出来る範囲を超えた、心理・社会的課題であるからだ。

治らない・治せない患者を前にして、誠実な医師ほど悩む。「ではどうすればよいのか？」と。だが、生物学的精神医学の常識や規範に縛られていると、その枠内で対処しようとする。自分には乗り越えるための技法・知識・方法論が足りないのではないか？と。そうやって論文を読み漁って、様々な技法を身につけても、治らない患者はやっぱり治らない。だから、ますます知識を求め、技法にすがり、ロボット化していく……。

精神科医の努力を否定しているのではない。努力は必要だが、どのような努力を行えばよいか、という努力の方向性や方法論を間違えると、うまくいかない。斎藤さんも森川さんも、そういう意味では、努力の仕方がわからず、袋小路に陥っていたのかもしれない。

そんな二人は、治療がうまくいかず、孤独においやられた。そもそも、他者の苦悩を聞く仕事なのに、精神科医である自分自身の苦悩には固く蓋をしていた。「言ってはいけない、バレてはいけない」と思い込んでいた。そして、魂が蓋をされた状態で、ロボット化し、周囲との距離も出来て、孤独は深まるばかりだった。そんな袋小路を越えるためには、斎藤さんだけでなく、森川さんにも、チームが必要だった。生物学的精神医学の袋小路を乗り越えるためのチームが。

それまでの、医師の私が中心になって行う対話は、対話なのか単に輪になっただけなのかわからないものだったが、スタッフと対等の立場で話すようになったら、明瞭に対話が広がった。今では、他のスタッフが入ることで、対話がこれまでと全然違う、豊かなものになることを実感している。私一人の考えではどうにもならないことがしばしばあるし、他のスタッフが話しているのを聞くことで刺激も受けられる。また、話さない時間があることで考える間が生まれ、私自身の中にも新しい考えが浮かびやすくなる。対話の場にいるそれぞれの思いが重なって、新しい考えやこれまで話されていなかったことが話されるようになっていく。

（同書、p154-155）

大学院生時代、フィールドワーク先の病院で、精神科医の診察にしばらく陪席させてもらったことがある。その時、精神科医はカルテを見ながら患者に尋ね、それを患者が答える。あるいは患者が話したいことを口火を切って話し、医者はそれを聞く、というスタイルだった。どちらにせよ、医師と患者が一対一であると、その枠組みを超えることは簡単ではない。僕も、患者として医者の前に座ると、本当は言いたかったのに言い忘れて後で悔しい思いをしたこともある。だが、信頼できる家族や友人、そして他の医療チームの皆さんと同席しながら、患者か医者が一方的に話すのではなく、患者の話に関して他のメンバーがどう感じたかを話すのを、直接じっくり聞ける場を作る。すると、他者の話を聞きながら、自分なりに色々考えることが出来る。医者だって、本当はわからないことや判断に悩むこともある。一対一なら判断留保が出来ず、とりあえずの決断を迫られるが、チームでダイアローグするなら、新しい見立てを考えることもできるし、患者だって、家族や友人、医療チームの話を聞きながら、自分が本当に伝えたいことは……と落ち着いて組み立て直すことが出来る。ダイアローグによって、そういう間が生まれてくる。

そうやって他の治療チームの前で見せてきた孤独を隠すための鎧を脱ぐことは、精神科医が、自分自身と向き合う必要性を示してもいる。

それまでの私は、もう大人だし精神科医になったのだから、家族のことや傷ついた体験など、自分のことを他人に話すものではないと思っていたのだと思う。過去を乗り越えて今がある。私は未来に向かっている。そう考えていた。だから私は、自分が嗚咽していることに驚いた。私は、過去に蓋をしていただけだった。私は仲間たちに身をゆだねて涙し、自分で立つことができるようになるまで支えてもらった。

そして、私は仲間の話を聞き、同じように涙した。私が体験したように、仲間にもそうしてあげたいと思った。あなたに支えが必要なときは、いつでもちゃんと支える。だから安心して、その傷を話してほしいと願った。

（同書、p103-104）


森川さんがフィンランドで開催されたオープンダイアローグのトレーニングコースに参加していた時のエピソードを読んで、心動かされた、だけでなく、深く納得した。そういうことだったんだ、と。

現代の日本の（だけでなく、生物学的精神医学が主流であればどこの国であれ）精神科医は構造的に孤独になることを運命づけられている。治療チームで一緒に考えながら対話的に試行錯誤する方策がないし、一対一の患者―医者構造のなかでは、うまくなおせない場合も少なくない。そして、能力主義的には「勝ち組」であるはずの精神科医だって、医者になる以前の思春期に、家族関係や発達段階でのトラウマや傷つき体験を背負っている人は少なくない（斎藤さんもマンガでそのように描かれている）。しかしながら、「もう大人だし精神科医になったのだから、家族のことや傷ついた体験など、自分のことを他人に話すものではない」と、自分の生きる苦悩には蓋をされる。この蓋は、魂の植民地化であり、これをしてしまうと、共感能力が下がる。なぜなら、自分の感情に蓋をしているのに、他者の感情をそのものとして受け止めることは出来ないからである。そして、職場で看護や心理、ソーシャルワーカーなどとうまくチーム形成が出来ずに孤立して、それでも何とか事態を改善しようと、間違った方向で努力して、「ロボット化」してしまう。

こんなことを言ったら怒られるかもしれないが、２０１７年に森川さんとはじめて出会った時、「抱え込んだスーパーマン」のように感じた。患者の為に身を粉にして駆け寄る姿がメディアで大々的に報じられて、どんなすごい人なのだろう、と思っていた。だが、実物の森川さんに出会ってみると、か弱くて、疲れていて、周りが必死にそんな彼を支えていた。この人はこんな調子で大丈夫なのだろうか？と、部外者の僕でも心配になる感じだった。今から思うと、この当時の森川さんは、まだご自身の苦悩を外部の人に安心して話せる環境ではなかったのかも、しれない。

そんな閉塞感を乗り越えるために必要なことはなにか。それは知識や技術をアップデートすること、だけではない。そうではなくて、「自分が何を大切にしていて、どうして働いているのか」「これまで何にどのように傷つき、いかなる不安や心配ごとを抱えているか」という、自分自身の実存的課題と直面し、そのことに自覚的になることである。そして、自分が蓋をしていた、そのような自分の大切な価値をちゃんと他者に話してみること。真摯に聴いてもらうこと。そのプロセスの中で、自分の言葉をちゃんと聴いてもらえた・言葉が届いた、という経験を重ね、言葉を聴くこと、話すことへの信頼を取り戻すこと。それが、ダイアローグの根源的価値として大切なのである。

僕はこれを書きながら、2017年に自分自身が受けた、未来語りのダイアローグの集中研修のことを思い出していた。その場には、まだ頑なさが残っていた時代の森川さんもいた。

あの現場でも、ひたすら話したり、ひたすら聴いたりしていた。色々な技法や理念ももちろん頭に残ってはいるけど、結果的にずっと自分の根底に響いているのは、「ちゃんと話を聴いてもらえる」というのは、時として、涙が出てくるような体験である、ということだ。僕も、自分自身が大切にしている価値をみんなの前で話している時、ちゃんと聴いてもらえた、自分の思いを深く話せた、と感じると、思わず涙が出てきた。それは、自分の中で固く蓋をしていた感情が開かれたような瞬間だった。

僕自身は、10年以上前に「魂の脱植民地化」と出会い、『枠組み外しの旅』という最初の単著を書くなかで、自分自身が抑圧していたもの、蓋をしていたものと、少しずつ向き合い始めた。だが、2017年にダイアローグの集中研修を受けた時、精神医療に関しては、まだまだ蓋をしている、というか、頑なな部分が多いと気づかされた。師匠大熊一夫が精神病院の構造的問題を告発して50年になるのに、どうして構造はこうも変わらないのだろう。どうしたら変わるのか？　もしかしたら変わらないのではないか。そう思って、絶望的な気分になっていた。

だが、京都での集中研修に参加し、あるいはオープンダイアローグのネットワークにコミットするなかで、斎藤さんや森川さんなど、患者や他者を変える前に、他ならぬ精神科医の自分自身が変わることを通じて、精神医療を変えたいと願う医師が日本にもいることに気づいた。そして、今回二冊の本を読んで、実はそういった精神科医自身が孤独な存在であるばかりか、信頼して頼れる医療チームを作れず社会的に孤立もしているならば、それが日本における精神医療の硬直状態の元凶の一つなのではないか、と改めて感じた。

北風と太陽、という表現がある。厳しく正面から吹き付けて（相手を批判して）、行動変容を強いる北風作戦。一方太陽作戦とは、ぽかぽかと暖かくすることで、相手が自発的に服を脱ぐ（行動変容する）のを促す作戦である。僕は、世界最大の精神病院大国でありその閉鎖性を変えようとしない日本の精神医療を、論文や書籍などで批判し続けてきた。ずっと北風作戦一本槍で生きてきた。日本の精神医療は世界的に見てひどく遅れているし、縛る・閉じ込める・薬漬けにすることでの権利侵害構造はとんでもないし、数々の虐待事件が生じ続けているし、それを見て見ぬふりをしてよいのか、と批判し続けてきた。そして、その批判自体には意味や価値があると思うし、取り下げるつもりもない。

だが、その一方で、オープンダイアローグに出会って以後、精神医療を提供する側の人々と関わる機会が増える中で、医療専門職たちの孤独についても知る機会が増えてきた。変わりたくても、変われない。どうしてよいのかわからない。誰とどのように連帯してよいかわからない。既存のシステムの中で、目の前の患者の治療をすることで精一杯で、それ以外のことを考える余裕がない。……こういったことが、結果的に現状を消極的に維持するシステムへの加担につながっていく。それに対して、北風作戦のような真正面からの批判を聞いても、まともに向き合う余裕がないがゆえに、馬耳東風になってしまう。その構造的な対立関係はずっと残ったままになってしまう。そして、批判する僕自身にも虚しさしか残らない。

そんな現状を変えるためには、まずは相手の内在的論理を知ることが重要である。そして、斎藤さんや森川さんの内在的論理を理解する中で見えてきたのが、精神科医だって孤独だし、閉塞感を抱えているけど、責任感が強かったり、自分が頑張って解決せねばと気負えば気負うほど、結果的に現状を肯定する、というか、現状のシステムのなかで何とかしてしまう方向にベクトルが向かってしまう、という、構造的な悪循環である。そのなかにいて、悪循環からどうやって逃れたらよいのかわからない、そんな断末魔の叫びのようなものが、森川さんや斎藤さんの「ロボット化」には含まれていたのではないか。それを、今回この本を読む中で、気づかされた。

精神科医が、自らの自己防衛のために頑なに保持してきた鎧をどうやったら脱げるか。

これは、他者からの脅迫や、should/must の強要ではなりたたない。森川さんや斎藤さんのように、安心して自分自身の生きる苦悩を差し出せるような、対話的環境が作られる必要がある。そのなかで、他者を治療する前に、まずは自分自身の生きる苦悩と向き合い、それをしっかりと聴いてもらえる経験をするなかで、話をすること・聴いてもらうことへの絶望を希望に変える必要がある。精神科医のなかで渦巻く、自分自身への不信や対話への不安・絶望感を超えることなく、他者と対話的であることはできない。

自分自身の傷ついた魂と向き合うこと、そしてその魂の植民地化された状態から少しずつ回復していくような＝脱植民地化されていくようなプロセスを、信頼できる仲間と経ること。これらの経験によって、やっと少しずつ、自分の言葉にも、他者の言葉にも、信頼を再び置くことが出来る。こういった自分や他者への信頼の取り戻しこそが、実は、治療的経験とか治療関係にもダイレクトに結びつく。他者を「縛る・閉じ込める・薬漬けにする」という一方的関与から、他者との対話的関係のなかで、よりよい生き方を模索する回路が開かれていくのである。

そして、僕に出来ることは、そういう精神科医や治療チームの変容を応援することなのかもしれない、と思っている。

ここ数年、精神病院や入所施設の内部の人々とのダイアローグの場面をいくつか経験させてもらっている。その中でも感じたことだし、今回の二冊を読んでも改めて感じるのは、対話的なチーム作りが、精神病院や入所施設という場では圧倒的に足りない、ということである。そうであれば、異なる他者が集合的にお互いの智慧を持ち寄って現状を変えていこうとするインセンティブも働かず、ずっと同じようなシステムが残り続ける。それを外部からいくら北風的に正論で批判しても、びくともしないどころか、余計に頑なさが残ってしまう。大切なのは、内部の人々も孤立しているし、チームで話し合う風土がない、ということに目を付けて、いかに安心して対話できる場を作れるか、に心を砕くことだと思う。

さらに、現状の精神医療で権力を持っている精神科医が、己の呪縛性や魂の植民地化という現実に気づいて、その傷をまず癒やすプロセスが必要である、ということも言えるかもしれない。それがないと、他者を呪縛したり、他者の魂を毀損する仕組みを止める勇気を持てなかったり、そのようなシステムを消極的に肯定してしまうのかもしれない。

だからこそ、現役の精神科医である斎藤さんや森川さんの、勇気あるカミングアウトは非常に大切だし、ダイアローグの担い手として、率先垂範していると感じた。そして、この二冊は、多くの人に読まれてほしいと改めて感じた。

（2021/05/02）

隷従しない勇気と決意

昨日の授業で、「自分が変われば社会は変わるのか?」という内容で議論をしていた。これは、僕の『枠組み外しの旅』の2章を読んでもらった上でのディスカッションだったのだが、なかなか興味深い話になった。

複数の学生が、「自分一人が声を上げたところで、社会は何も変わらないのではないか」と意見を述べていた。支配されている側が、「自分は支配されているんだ」と気づいたところで、支配する側のルールを変えることができない限り、言っても無駄ではないか、という。僕はこれを聞いて、『自発的隷従論』というフレーズを思い出し、黒板に書きながら、学生達の議論に活用してみた。とはいえ、お恥ずかしい限りなのだ、このタイトルの書籍は「積ん読」状態。早速家に帰って、読んでみた。著者のラ・ボエシは1530年生まれのフランス人。だが、500年前に別の文化で書かれたとは思えないアクチュアリティのある記述だった。

農民や職人は、隷従はしても、言いつけられたことを行えばそれですむ。だが、圧政者のまわりにいるのは、こびへつらい、気を引こうとする連中である。この者たちは、圧政者の言いつけを守るばかりでなく、彼の望む通りにものを考えなければならないし、さらには、彼を満足させるために、その意向をあらかじめくみとらなければならない。連中は、圧政者に服従するだけでは十分ではなく、彼に気に入られなければならない。彼の命に従って働くために、自分の意志を捨て、自分をいじめ、自分を殺さねばならない。彼の快楽を自分の快楽とし、彼の好みのために自分の好みを犠牲にし、自分の性質をむりやり変え、自分の本性を捨て去らねばならない。彼のことば、声、合図、視線にたえず注意を払い、望みを忖度《そんたく》し、考えを知るために、自分の目、足、手をいつでも動かせるように整えておかねばならない。

はたしてこれが、幸せに生きることだろうか。これを生きていると呼べるだろうか。この世に、これ以上に耐えがたいことがあるだろうか。

（ラ・ボエシ『自発的隷従論』ちくま学芸文庫、p70-71）

学生たちを見ていると、確かに「隷従はしても、言いつけられたことを行えばそれですむ」状態のままでいる人々もいる。でも、年々「圧政者の言いつけを守るばかりでなく、彼の望む通りにものを考えなければならないし、さらには、彼を満足させるために、その意向をあらかじめくみとらなければならない」ことを内面化している、いわゆる「よい子」が増えているように思う。「忖度」や「服従するだけでは十分ではなく」「気に入られ」るために真面目に努力して、必死になっている「よい子」。これは、大人やシステムにとって「都合のよい子」のことである。

前にも述べたが、「自分の意見を述べて下さい」とお願いしても、「どうしたら先生が求める正解を言えるだろうか?」を必死になって考えている学生たちが少なくない。それは中学高校の間に、成績評価や内申点を通じて、あるいは進路指導などを通じて、先生や親の求めるあり方を受け入れ、その秩序化や枠づけに真面目に従ってきた「成果」だと思う。「美術の学校に行きたい」と思っていたが「就職に有利な学部にしなさい」と進路変更を受け入れた、先生の意見に反論があっても「内申書に響くから」と言い出せなかった、理不尽な校則を変えたくて生徒会で動いても「伝統だから」と握りつぶされた……。こういう経験を重ねるなかで、「自分の意志を捨て、自分をいじめ、自分を殺」すプロセスをし続けた学生たちと、毎年出会い続けている。彼ら彼女らが教師や大人にとって「都合のよい子」になっているのは、そのような「自分の本性を捨て去」った結果なのである。

これも以前に書いたことだが、僕は13年間、山梨学院大学という地方私学で働いた後、2018年から兵庫県立大学に移籍した。前任校では、「隷従はしても、言いつけられたことを行えばそれですむ」状態の学生が多かったように記憶しているのだが、現任校では「圧政者に服従するだけでは十分ではなく、彼に気に入られなければならない」という心性を内面化している学生も少なくないような気がしている。そんな彼ら彼女らに特徴的なのは、中高時代に真面目で「よい子」で成績が良かった、ということ。その「よい子」の努力の内面には、自発的隷従のパフォーマンスをいかに最大化するか、という努力が含まれていたとしたら、これほど恐ろしいことはない。それはなぜか？　このプロセスは、「彼の快楽を自分の快楽とし、彼の好みのために自分の好みを犠牲にし、自分の性質をむりやり変え、自分の本性を捨て去らねばならない」という、自分に対する「いじめ」であり、精神的な自殺が内面化されているからである。これは「幸せに生きること」からほど遠いし、「これ以上に耐えがたいこと」はないくらい、しんどい状況である。

では、なぜこのような精神的自殺が簡単に生じるのであろうか。それを「馬の轡《くつわ》」を例に、ラ・ボエシはひもとく。

どれほど手に負えないじゃじゃ馬も、はじめは轡を噛んでいても、そのうちその轡を楽しむようになる。少し前までは鞍をのせられたら暴れていたのに、いまや馬具で身を飾り、鎧をかぶってたいそう得意げで、偉そうにしているのだ。

さきの人々〔生まれながらにして首に軛をつけられている人々〕は、自分たちはずっと隷従してきたし、父祖たちもまたそのように生きてきたと言う。彼らは、自分たちが悪を辛抱するように定められていると考えており、これまでの例によってそのように信じこまされている。こうして彼らは、みずからの手で、長い時間をかけて、自分たちに暴虐をはたらく者の支配を基礎づけているのだ。（p44）

「どれほど手に負えないじゃやじゃ馬」も、一度飼い慣らされると、その飼い慣らされた状態を「楽しむようにな」り、その状態に「たいそう得意げで、偉そうにしている」ところまで進む。同じように、本来は先生の言うことに違和感や反発があっても、「先生に反論しても無駄だ（意味がない、損するだけだ……）」という「轡」をひとたびはめられ、そしてその隷従という「轡」を受け入れて生きることが当たり前になった後は、隷従する状態こそ、地球は丸いのと同様、絶対不変で「定められている」ものだと「信じこまされている」。先生に反論するだけ無駄だ、それなら最初から忖度しておいた方が自分の成績評価は上がる、こっちの方がコスパは良い……。ただ、こういう信念体系を内面化することが、「自分たちに暴虐をはたらく者の支配を基礎づけている」ということには、全くの無自覚である場合も少なくない。

僕はどの授業でも、様々な価値前提を問い直すような内容を取り扱っている。例えば、スウェーデンでは家族内の体罰も法律によって禁止されている映像を見せた後、日本にもそれは可能か、と尋ねることがある。すると少し前まで一定程度の学生が、「日本ではそんなのできっこない」「世の中の当たり前を変えるのは簡単ではない」と答えていた。これは自らが進んで、「轡を噛む」「首に軛をつけられる」状態そのもの、である。このことをこそ、ラ・ボエシは「自発的」に「奴隷」のように「付き従うこと」としての「自発的隷従」と呼んだのではなかったか。それは、500年前のフランス社会だけでなく、実に今の日本社会にもしっかり根付いている構造的課題である。

ただ附言しておくと、2020年4月から子どもへの体罰が法的に禁止された後の数年間で、この認識はガラッと変わりつつある。以前なら「わがままや駄々をこねる子どもに、おしりペン、くらいはあってもよい。周囲に迷惑をかけるなら仕方ない」という意見に、多くの学生が賛同していた。だが、ここ数年の間に、それはおかしいと考える学生が増えてきたし、「親に叩かれたことはありません」と答える学生の数も増えてきた。そして、そのような体罰への法規制や、体罰を受けたことのない学生の意見を聞くことにより、「体罰は必要悪だ」と思い込んでいた学生たちは、授業の間にその自分の信念体系がぐらつき、「他の人の意見を聞いて、自分の意見を変えます」と言い出す学生も出始める。つまり、自発的隷従は確かに根深いのだが、社会の法制度や世間の反応が変われば、変容の芽はあるといえる。とはいえ、その社会や世間が変わらない限り、自発的隷従の心性はなかなか外れない、という課題は残っている。

この状況を乗り越えるために、何が必要か。ラ・ボエシは、実に当たり前だが、なかなか簡単には得られない、あるフレーズを指摘する。それが「自由」について、である。

自由な者たちは、だれもがみなに共通の善のために、そしてまた自分のために、たがいに切磋琢磨し、しのぎを削る。そうして、みなで敗北の不幸や勝利の幸福を分かちもとうと願うのだ。ところが、隷従する者たちは、戦う勇気のみならず、ほかのあらゆることがらにおいても活力を喪失し、心は卑屈で無気力になってしまっているので、偉業をなしとげることなどさらさらできない。圧政者どもはこのことをよく知っており、自分のしもべたちがこのような習性を身につけているのを目にするや、彼らをますます惰弱にするために助力を惜しまないのである。（p49-50）

現代日本社会で、圧倒的な「圧政者」はいない。だが、日本社会の抑圧的システムそのものが、人々の考える自由を奪い、人々が「戦う勇気」を捨て、「卑屈で無気力」になるように、「ますます惰弱にするために助力」をしているのではないか、と思う。空気を読む、忖度する、学校や労働現場でのキツイ管理を受け入れる……これらの中で、圧政的システムに隷従する「習性」がついていく。

大学生を眺めていても、この「習性」に順応している学生の比率が、年々高まっているように思う。「じゃじゃ馬」は減ってきて、「卑屈」や「無気力」が蔓延している。あるいはその捻れた派生形として、「共通善ではなく、自己利益の最大化を目指して、抑圧的システムの中で勝ち組になることに自らのリソースを最大限活用する」人も、増えてきたように思う。そういう人って、一見すると、「戦う勇気」や「活力」があるように、みえる。でも、それは抑圧的システムへの「戦い」ではない。その「活力」は抑圧的システムの中での、自らの生き残りに向けた活力なのだ。自らの「自由」を最初から放棄し（そんなことを考えても無駄だ・意味がない、と切り落とし）、「世の中そういうもんだ」と諦めた上で、「このゲームの中で勝者になればよい」という思考回路である。それは、確かに無気力とは真逆である。だが、自分を殺して勝ち残ることにのみ自らのリソースを振り向ける、という意味では、最初から不自由な思考である、ともいえる。

高度経済成長期に確立された日本型システムとは、ある種、文句を言わずに黙って働く・標準化されて質の良い労働者を前提としていた。その意味で、自発的隷従状態にある人々を育成し続けることは、勤労国家日本型システムの「成果」そのものである。そういう自発的隷従のプロセスにおいて、「自分の意志を捨て、自分をいじめ、自分を殺」した人々を量産してきた。だがこれは、成熟社会日本の求める成果だろうか。「はたしてこれが、幸せに生きることだろうか。これを生きていると呼べるだろうか」というラ・ボエシの問いかけは、今の日本社会にも痛烈にささる。「飼い慣らされたシステム」への隷属は、本当に人生を豊かにするだろうか、と。

だからこそ、「もう隷従はしないと決意せよ。するとあなたがたは自由の身だ」（p24）という彼の指摘は決定的に重要である。「隷従しないという決意」は、隷従するシステムそのものから抜け出す決意である。少なくとも、そこで魂が殺されない、という宣言でもある。これは、惰性化した習慣から一歩踏み出すだけでなく、その習慣を変え、「共通の善のために、そしてまた自分のために、たがいに切磋琢磨し、しのぎを削る」ための第一歩である。

この自発的隷従システムを熟知し、その中で「勝ち組」になろうと必死になっている人の中には、「自分一人が隷従しないと決意したところで、簡単には社会は変わらない」と「したり顔」でいう人もいるだろう。でも、だからといってこの「飼い慣らされたシステム」に問いを挟まず、「どうせ」「しゃあない」と鵜呑みに隷属していては、そのシステムが結果的に強化されるのに手を貸すだけである。であれば、まずは自分だけでも、「もう隷従しないと決意」することが大切なのだ。そして、失われた「自由」を求め、まずは自分の快楽や好み、望み、意志を取り戻すことこそ、必要不可欠なのだ。それが、自分自身の「魂の脱植民地化」であり、日本社会が暮らしやすい社会に変わるための、重要な第一歩なのだと感じている。

授業前に読んでおけば、こういうことが伝えられたのに、と思いながら、メモ書きしておく。

（2017/06/08）

シンバル猿にならないために

シンバルを叩くお猿。最近はあまり見かけなくなったが、昔はよく、おもちゃ屋の店頭で並べられていた、あの三三七拍子で叩き続けるお猿である。そんなシンバル猿に関する恐ろしい話を聞いた。

娘が通っているこども園は、親向けの学習会が毎月一度開かれる。子どもだけでなく、親だって「親業」ははじめてなのだから、子どもとの関わり方を学ぶ機会があった方がよい、という主旨で行われている。30年以上こども園をリードし、大学教員の経験もある理事長先生が、毎回非常に示唆的なお話をして下さる場である。僕はコロナで行動制限があった時以外は毎回欠かさず出かけ、そこでのお話から沢山のことを学んだ。今回書くのも、その時のエピソードが発端になっている。

今回は、先日開かれたこども園の運動会の振り返りの話を、理事長先生はしてくれた。娘の通うこども園は、「子どもを見せ物にするな」というポリシーで、一糸乱れぬ行進とかマスゲーム、鼓笛隊の演奏などは全くない。それはなぜなのか、の背景を説明してくれる中で、彼が語ったことが衝撃的だった。

「本当は私、鼓笛隊の指導がすごく上手なのです。びしっと揃えて子どもたちを演奏させることができます。保護者からもずいぶん評判が良かったんです。でもある日、商店街でシンバルを叩くお猿を見たとき、そのお猿の均一的なリズムが、子どもたちの鼓笛隊と重なってしまったんです。それ以来、子どもたちを機械じかけのようにして良いのだろうか？という疑問が浮かび、翌年以後、笛や号令に合わせて秩序よく子どもを動かすようなアクティビティを止めよう、と決めたんです」

このエピソードは、とても印象的で、ハッとさせられたし、既視感があった。僕自身が大学という現場で、シンバルを均質なリズムで叩くお猿のように秩序付けられた「よい子」と沢山出会うからである。そして、それは以前読んだ『ファシズムの教室』（田野大輔著、大月書店）に結びついていた。田野さんが大学でやっていた実験授業で、一糸乱れぬ整列などを体験した学生が、こんな感想を寄せていた。

「規律や団結を乱す人を排斥したくなる気持ちを実感した」
「250人もの人間が同じ制服を着て行動すると、どんなに理不尽なことをしても自分たちが正しいと錯覚してしまう」

（p116、117）

実はこの秩序感の気持ちよさは、こども園のマスゲームとか、鼓笛隊とかそういう段階から、延々と再生産され続けているのである。笛を吹いて、号令をかけて、右向け右、と整列させ、子どもたちがそれにピタッと従う。それは、子ども達の自生的秩序ではなく、号令や笛を吹く人というひとつの権威や権力の秩序に従わせる姿である。我が家の前には公立中学校があるのだが、1年生の前期の体育の授業では、未だに軍隊式の行進の練習をしている。多感な思春期の子どもたちを、集団管理と一括処遇にはめ込むためには、このような秩序の内面化が必要不可欠となる。40年ぶりに軍隊的行進と出会い、その暴力性を苦々しく思う僕がいる。

一方、娘の通うこども園では、子ども達の自生的な秩序を生み出すことを大切にしている。年長組の子ども達が運動会の運営にも全面的に協力し、年下の子ども達を導き、みんなで運動会プログラムを作り上げていこうとする。そして、年下の子ども達も、お兄ちゃんお姉ちゃんに導かれて、一緒になって活動を楽しんでいく。そういえば、娘が年少組だった時の運動会の動画を先日見返していたが、彼女は大勢の人に注目される徒競走では恥ずかしがって、真っ直ぐ前を向いて走れず、もぞもぞソワソワしていた。すると、年長組のお姉さんがサッとやってきて、彼女の手を引いて一緒に走ってくれた。娘はというと、ニコニコ・キョロキョロ周囲を観察しながら、お姉さんに手を引かれながら、一周をのんびり・ゆっくり・手を振りながら、走り終えていた。こういう自生的な秩序を経験することで、彼女が年長組になった時には、今度は年少組の子どもたちのアシストをしていたのだ。親からすると、たった2年でここまで成長するとは、と、感動する一幕でもあった。

大学教員の経験から言えることでもあるが、教員の指示や命令に一方的に従わせる方がはるかに楽である。学生たちに自分たちで考えてもらい、学年を超えて連携してチーム活動を展開してもらうためには、大人の側がそれなりの仕込みをする必要がある。こちらが指示して従わせるやり方なら、目指すべきアウトプットや成果が見えやすい。一方、学生たちが自分たちで考え合うのを見守ると、必ずしもこちら求める方向性に動いてくれるわけではないし、本当に任せておいて大丈夫なのだろうか、とオロオロ・ドキドキしながら見守ることになる。そういう意味では、見守り支援は非常に面倒くさい。余計な労力がかかることをするよりは、教員が一方的に指示をして、枠組みを決めて、その枠の中にはまりなさい・先生の言うとおりにしなさい、と指導する方がはるかに楽だとわかっている。しかも、対象にしているのは、大学生ではなく園児である。それは並大抵ではない、と思う。

だが、その一方で思うのだ。小学校に入る以前から、頭ごなしに大人の言うことに従わせるのではなく、子どもたちが自分の頭で考え、協働し合うのを大人が助けるのが当たり前となれば、この国の教育や社会の形はかなり大きく変わるだろうな、と。大人に一律に従わせるよりは、自分の頭で考えて自主的に動くように促すのは、遙かに手間も時間も人手もかかる。でも、そうやって手間暇かけることで、主体的で自律的に考える子どもが増えてくれれば、その結果として、僕が出会う大学生たちも、もっと溌剌としているのではないか、と。

大学で教えていて思うのは、シンバルを叩く猿のように規律を従順に守ることに必死になってきた「よい子」が、年々増えているのではないか、という肌感覚である。彼ら彼女らは、楽しくてシンバルを均一的に叩いているのではない。そうしろと叱られたから、そうしたら自分たちにもっといいことがあると教え込まれたから、である。ある学生は「教員の意見と違うことが浮かんでも、先生に反論したら、受験時の内申点が下がるから」とも伝えてくれた。そういう「態度の評価」という査定基準に学生たちは非常に敏感になり、その評価を上げるために、必死になって・余計なことは考えないようにして、シンバルを均一的に叩き続けるのである。

そんな彼女ら彼らに、僕は授業でマイクを向けて、ある社会問題なり課題について、「あなた自身はどう思うの?」と聞いてみる。すると、当初学生たちは「教員はどのような正解を求めているのか?」を必死になって忖度しようとする。そして僕が「社会問題の解法には正解がないし、僕自身も授業で正解を教えられないので、皆さんもどう考えるか、正解に縛られずに、自分の率直な考えを聞かせてほしい」と伝えると、ますますオロオロする。当てられるのが怖いという学生も少なくない。それは、「何を話せば先生が正しい・OKと評価してくれるかがわからない」という恐怖があるからだ、とも教えてくれた学生もいる。

僕自身、別に学生に恐怖を与えたくて授業をしているのではない。むしろ、世間の常識とか社会的評価を気にしなくていいから、自分の思っていることをそのまま言ってみて、と伝えているだけだ。でも、学生の側からすると、教員がシンバルをどのリズムで叩けばよいのか、を指示してくれない。それだけでなく、自分の音を出してごらん、自分のリズムで叩いてごらん、とさえ言い始める。だからこそ、途端にどうしてよいのかわからなくなってしまい、当惑するのだ。「あなたはこの問題について、どんな意見を持っていますか？」と尋ねても、「この先生なら、どのような答えを言えば正解と認めてくれるのだろう？」という思考方法に慣れきってしまっている学生が、一定数いるのである。それは、シンバルを一律に叩く猿のように仕込まれた期間が長すぎて、誰かの号令なしに、自分のリズムで奏でるやり方をすっかり忘れてしまったようにも、思えるのだ。

大学という現場で僕がしていること。それは、シンバル猿のごとく標準化・規格化された意見から自由になれない学生たちの「武装解除」というか、「自分の意見を持ってもいいんだよ」と解きほぐすような授業やゼミである。このスタイルで学生たちと対話を続ける中で、学生たちが大人の「正解」を忖度する不自由さの元凶は、共通テスト（昔のセンター試験）に代表される、択一式問題の中から「正解」を選び出すトレーニングをひたすら反復させる受験勉強のせいだろう、と思い込んできた。だが、今回こども園での話を聞きながら、既に園児の鼓笛隊とか運動会の号令とか、幼少期の段階から標準化や秩序化がはじまっていることに気づかされた。それを10年15年と積み上げた結果として出会う大学生の「よい子」たちって、標準化された集団一括処遇の日本型教育の、「失敗」ではなく立派な「成果」でもあるのだ。

そう気づくと、この「成果」が末恐ろしくなった。日本社会では多くの子ども達が、時間をかけて「シンバルを叩く猿」として仕込まれていくのだ。それが、生きづらさや閉塞感をもたらす一因でもあるのだ、と。そんな世の中は嫌だし、娘もそういう世界から距離を置いて育ってほしい、と思う。だからこそ、親として、教員として、何が出来るのだろう。そういうことを、その話を聞いてから、ずっと考え続けている。

（2020/11/01）

ゆたかなチームで生きていく

天畠大輔さんと言えば、2022年7月に参議院議員になった、より集中的な支援を必要とする障害当事者である。彼は、身体的なケアが必要なだけでなく、発語が出来ないので、意思形成や意思表明にも支援が必要である。そういう障害経験を持って国会議員になることで、様々な政策に障害のある人の声を反映させようと奮闘しておられる。

彼は国会議員になる前から、発語が困難でより集中的な支援が必要であるご自身の実情を、自分自身の個人的経験を調査対象にした研究であるオートエスノグラフィーとして、支援を用いながら「言語化」もしてきた。今回ご紹介したいのは、彼の博士論文を元にした一冊である『しゃべれない生き方とは何か』（生活書院）である。この本の中では、意思の表明や形成を支援するとはなにか、という根本的な問いについて、考察されている。

天畠さんは発語が出来ないしペンやキーボードを動かせないので、自分一人で主体的な言語表現が現時点では出来ない（そういう器具がまだ開発されていない）。そのかわりに、介助者が「あかさたな……」と行を読み上げ、目的の行で介助者の手を引く。すると、今度は介助者が「なにぬ……」と当該列を順番に読み上げ、目的の言葉で天畠さんは介助者の手を引く。そこではじめて「ぬ」が言いたい、とわかる。これが天畠さんのお母さんが開発した「あかさたな話法」である。このやり方を生み出したことにより、医療ミスで心肺停止状態になった後、「植物状態で知能も幼児レベルに低下した」と診断されていた天畠さんは、外界とのコミュニケーションがとれるようになったのだ。

ただ、「あかさたな話法」を一文字ずつしていくと、一つの単語を話すだけでも、ものすごく時間がかかる。だからこそ、天畠さんと共有経験や共通の知識が多い介助者を「通訳者」として雇用し、何が言いたいかの文脈を「先読み」してもらいながら、なるべくスムーズに意思決定し、言語表現したいと思っている。大学院の研究の話題で「はく」と出たら「博論のこと?」と先読みして欲しいし、服を着替える際に「あか」と言われたら、「赤色のTシャツがよいの?」と先読みして欲しい。だが、ここで深刻かつ本質的なジレンマにひっかかる。

筆者が大学院に進学し、博士論文を執筆したいと考えた動機には、「もっと誰かに賞賛されたい」という思いがあった。そして、その賞賛は、「私一人」に向けられたものであってほしかった。その意味で博士論文は、「オーサーシップが一人」であることが原則であることから、筆者の承認欲求を満たすのに「うってつけ」であった。しかし、その意図とは裏腹に、本研究での実際は、筆者の思考を表出する段階でさまざまな「通訳者」が関わり、論文を書きあげるというものであった。このような論文執筆過程は、承認欲求を満たすための「諸刃の剣」である。「通訳者」の存在は、筆者の思考を整理し表出するうえで不可欠なものだが、一方では筆者の思考を〝水増し〟する存在であり、筆者一人の賞賛には至らない（オーサーシップが認められない）という危険性もあった。

こうしたジレンマは、筆者が「この文章を書いたのは誰か」という点を再帰的に振り返ることによって生じている。

（p341-342）

この箇所を読んだ時、「なんてほんまもんの葛藤をさらけ出しているのだろう！」とびっくりしながら読んだ。

天畠さんだけでなく、僕だって博論を書き上げる欲求の中には「承認欲求」とか、『もっと誰かに賞賛されたい』という思いがあった」のは間違いない。ただ、普通はそれを口にはしない。でも、彼は敢えてそれを「博士論文そのもの」のなかで書いて考察した。なぜならば、「博士論文は、『オーサーシップが一人』であることが原則である」ということの原則と、彼の意思決定支援とは、ジレンマというか、深刻な矛盾をはらむ可能性があったからだ。

それは「あかさたな話法」そのものが持つ矛盾である。そのことは、『社会福祉学』に掲載された論文『「発話困難な重度身体障がい者」の文章作成における実態——戦略的に選び取られた「弱い主体」による、天畠大輔の自己決定を事例として——』にありありと書かれている（これはネットでも読める）。どれだけ天畠さんとの共有知識・体験があるか、によって、通訳者の書くメールの内容が大きく異なることが、この論文の中に掲載されている。同じように、研究論文の考察の進め方においても、通訳者が大学院レベルの知識を持って問いかけてくれた場合には、天畠さんの考察が、一人で考えていた時よりも結果的に膨らんでいく様が記載されている。

そのことを指して、「筆者の思考を〝水増し〟する存在であり、筆者一人の賞賛には至らない（オーサーシップが認められない）という危険性」がある、とはっきりと述べているのである。だからこそ、天畠さんは「筆者が『この文章を書いたのは誰か』という点を再帰的に振り返る」ことをし続けてきたのである。でも、それは天畠さんに限った話ではない。僕が博士論文を書き上げるまでは、師匠や指導教員をはじめ、様々な方々にアドバイスをもらい続けてきた。適切な問いや助言によって、僕の思考は「水増し」されていったのである。そういう意味では、「オーサーシップが一人」というのは、完成した博士論文ではそのような「体裁」にはなっているけれど、実際的には、多くの人との関わり合いのなかで、やっと僕自身のオーサーシップに収斂していったように見えるだけ、というのが実態かもしれない。

ただ、健常者の僕はそのことを指摘されず、天畠さんは「通訳者によって思考が水増しされている」という批判にさらされる、という大きな違いがある（残念ながら、ＳＮＳではそのような天畠批判も目にしたことがある）。

僕自身は、天畠さんの著作を読んできて、先読みも含めた通訳をしてくれる通訳者と二人三脚で「情報生産者」であり続ける天畠さんの姿は、至極真っ当だと思っている。むしろ、「筆者が『この文章を書いたのは誰か』という点を再帰的に振り返る」ように強迫的に天畠さんに強いること、二人三脚の現状を「水増し」と思わせてしまうこと自体に、能力主義や生産性至上主義の影というか、自己決定や自己責任への強迫観念が天畠さんにも忍び寄っているような気がしてならない。天畠さん自身も、結論部分でそのことを問い直そうとしている。

> 一般に、個人の論文執筆は指導教員や他の研究者のアドバイスなどを参考にしながら作成される。そのとき成果物である論文が誰のアイデアによって作成されたものであるかは普通、問われない。（略）しかし、筆者においては、論文執筆チームが暗黙のうちには成立せず、いわばガラス張りのなかで複数の個人による論文執筆が遂行さ

れる。そのため、〝水増し〟や過剰な〝サービス精神〟の問題が表面化することになる。しかし、この問題はむしろ逆の観点から捉えられるのではないだろうか。

つまり、何ゆえ、健常者は〝水増し〟の恩恵を受けながら筆者のようなジレンマを感じずに、しかも成果物を自分のものとしておけるのか。また、健常者の世界からの〝水増し〟や〝サービス精神〟がどのようにフェードアウトし不可視化されているのか、という問いである。本質的には健常者も〝水増し〟や〝サービス精神〟の利益を享受しているにもかかわらず、筆者のようにそれに対するジレンマを痛切に感じることはない。ここに、上げ底を意識しなければならない障害者と、それを意識する必要がない健常者という非対称的な関係から、この社会の能力主義的な規範が見えてくる。

（p303-304）


天畠さんの指摘は全くその通りである。僕自身を振りかえってみても、博士課程の2年目で「京都中の精神科ソーシャルワーカー全員にインタビューせよ、それが出来なかったら君の博論はない！」と根本的なアイデアを授けてくださったのは大熊一夫師匠である。そこから泥縄的に117名へのインタビュー調査をし続ける僕に、「ソーシャルワーカーに共通する法則性を導き出してごらん」と博論の最大の売り（オリジナリティ）を導いてくださったのは、指導教員の大熊由紀子さんであった。書き上げた僕の博論という成果物は、師匠や指導教員といった先達からのギフトによって、なされている。「何ゆえ、健常者は〝水増し〟の恩恵を受けながら筆者のようなジレンマを感じずに、しかも成果物を自分のものとしておけるのか」と問われたら、僕はあまりにその通りで、返す言葉もない。

つまり、僕が受けた恩恵は「フェードアウトし不可視化されている」一方で、天畠さんが受けた恩恵は「ガラス張り」であるがゆえに、「〝水増し〟や過剰な〝サービス精神〟の問題が表面化することになる」のである。

それは、あまりにアンフェアだ。

天畠さんは情報生産者になるプロセスにおいて、「上げ底を意識しなければならない障害者と、それを意識する必要がない健常者という非対称的な関係」というこの社会の「能力主義」がおかしいと感じた。そして、ご自身も内面化していた「この社会の能力主義的な規範」にも気づいた。だからこそ、その規範を逆手に取って、通訳者が「先読み」してくれることを戦略的に活用しながら、自分では発語できない情報生産者として生き抜こうと決意したのではないだろうか。

すると、天畠さんがここで指摘しているのは、「本質的には健常者も〝水増し〟や〝サービス精神〟の利益を享受しているにもかかわらず、筆者のようにそれに対するジレンマを痛切に感じることはない」という、冷徹な健常者社会への批判でもある。自分で選んだ、決めたと思い込んでいることの中には、他人との関係性や影響が沢山入っているはずでしょ？　それにもかかわらず、その「水増し」や「サービス精神」はなかったことにして、自分で決めた・考えたと自慢するのって、変ではありませんか？と。

実は子育てとは、この「水増し」や「サービス精神」そのものではないか、とも改めて感じる。自分一人で生きられない赤ちゃんの時、泣いている子どもを前にして、「空腹だ、眠い、疲れた、しんどい、暑い、寒い、退屈だ……」などのどれに当てはまるのか、を状況の中から先読みし、抱っこしたりミルクを与えたり、と具体的な行動を親が取ることで、本人は泣き止んだ。そういう意味では、通訳者としての親が主体的に決定していた。親はその中で、「先回りの癖」をつけていく。そうやって子どもの主体性を「水増し」し、子どもが主体性を発揮できるように「サービス精神」でサポートしてきた。

だが、子どもが小学生になると、その「先回りの癖」は、だんだん子どもにとって邪魔になってくる。自分で発語や表現、主張が出来る範囲が増えてくると、親が先回りして「こういうこと？」と言ったり、あるいは手はずを整えると、「自分でやりたいの！」と泣き叫ぶことがある。これは「オーサーシップは一人だ」という主張である。つまり子育てとは、子どもが主体的に自己決定や自己選択が出来るように導く支援である、と改めて感じる。この話に繋げるならば、天畠さんの意を汲む通訳者が、彼の意を汲むレベルが高くなることによって、天畠さんが表現出来る範囲が増えてくる。それが彼の主体的な自己決定や自己選択支援にも、繋がっているように思う。

「上げ底を意識しなければならない」のは、障害者だけでなく、子どもや認知症の人など、ケアが必要な人に共通する。でも、「それを意識する必要がない健常者」だって、意識する必要がないだけで、日常的に多くの人と対話しながら、何をどのように選ぶか、を決めているのである。僕自身も、旅行にどこに行く、とか冷蔵庫や家具や車など高い買い物をする際は、ほとんど妻との共同決定というか、妻に支援されながらの自己決定を行っている。それだけではない。判断に迷うような、どっちを選べば良いかわからない時ほど、妻と対話をしているし、妻も同じように僕を頼ってくれる。自分一人で抱え込む自己決定より、他者と対話しながら論点や考え方を整理する共同意思決定の方が、後でそっちにしてよかった、という実感が湧くのだ。これを「上げ底」と言われたら、健常者だって当たり前のようにしていることなのだ。

僕はこの本の中で、「能力」は個人的なものではなく、関係論的なものである、という論考を何度も取り上げてきた。他者との関係性のダンスの中で、人の心配ごとが増えることもあれば、減ることもある。また、他者との関係性のダンスの中で、その人の能力は活かされることも殺されることもある。さらに言えばその関係性のダンスに躓くと、ひきこもりやうつ病、不登校や自殺未遂など、深刻なトラブルに巻き込まれることもある。

そう考えていくと、天畠さんのように適切な通訳者と二人三脚で歩める、ということは、実は関係論的な人生における、豊かな生き様の一つとして、非常に象徴的な事例にも見えてくる。パートナーや友人、仲間、同僚、チームメンバーと、どのような豊かな関係性を見いだすか。お互いのことを尊重し、話をじっくり聞き合い、共に考え合えるチームをいかに形成していけるか。これは、そのチームの「上げ底」や「水増し」であるが、そのようなチームで生きていくこと自体が、「良い人生」であるともいえる。家族というチーム、職場というチームにおいて、そのような良いチーム形成をしていくことは、「一人で出来るもん」という能力主義的個人主義で自ら抱え込み、他者を蹴落とすよりも、遙かに豊穣ななにかを生み出すのではないか、と思っている。

天畠さんは、たまたま発語が出来ず、意思形成や意思決定における他者の介在が「ガラス張り」だったからこそ、そのことが可視化された。でも、天畠さんが例外であるわけはない。そうではなくて、私たちの意思形成や意思決定のプロセスを、よりわかりやすく可視化し、そのプロセスを考えるきっかけを提供してくれた人、と考えると、これは単に障害者問題と矮小化されない。

僕自身が、これから少しずつ思春期への階段にさしかかる娘と、どのようなチーム形成が出来るか。その際、僕自身がどのように彼女との関わり方を適切に変えていきながら、見守り支援ができるか。それが適切な「水増し」「上げ底」になるためには、どうしたらよいのか。娘や妻との絶えざる対話を通じて、考え続けていきたい。天畠さんから、こんなギフトを頂いた。

（2022/05/25）

おわりに

最後までお読み頂き、誠にありがとうございました。

本書のゲラが出来上がった段階で、内田樹先生から、帯文用にと以下の文章を寄せて頂きました（帯文自体は編集者の安藤さんがもう少し縮めておられます）。

竹端さんは正直な人である。同意してくれる人は少ないが、正直さは研究者にとって必須の知的資質である。本書を読むと、正直さが知的離陸を可能にすることがわかる。

僕自身が大切にしてきた価値観を、内田先生はしっかりつかみ取って帯文に書いてくださり、ものすごく嬉しかったです。それだけでなく、この「正直さ」というフレーズに「応答」して、最後に自分語りしてみたいと思っています。

もともと僕には二人の師がいます。一人は、本文中でも何度か登場したジャーナリストで元大阪大学教授の大熊一夫さんです（大熊さんは僕にとって「先生」なのですが、ずっと「さん」付けで呼ばせて頂いているので、そう書かせてもらいます）。彼は朝日新聞の名物記者で、『ルポ・精神病棟』（朝日新聞出版）をはじめとした優れた福祉のルポルタージュを出しておられます。

彼からは、「本を読んで、『わかったつもり』になるな」「わからないことは『わからない』と正直に認めよ」「ギリギリと対象に迫って考え続けよ」「足で稼げ」と教わってきました。弟子入りした僕は「確かにその通りだ！」と思ったので、大学生の頃読みふけってきた河合隼雄やユングなどの臨床心理学・精神医学の著作も一旦封印し、大学院生の頃は読まないようにしていました。「精神障害者のノーマライゼーション」が研究テーマだったのですが、フィールド先で出会った精神障害のある方を生半可な知識で分析・評価して「わかったつもり」になることを恐れたからです。その代わり、出会った方々と一杯おしゃべりしながら、「足で稼いで」多くのことを学ばせてもらいました。

もう一人は、アカデミズムの師である大阪大学名誉教授の厚東洋輔先生です。厚東先生は、学部の卒論指導の時からお世話になっている社会学の大家で、大学院入試の英語で不合格になった際、個人指導で洋書の読み方を教わり、原書を一行一行丁寧に読解する大切さを学びました。厚東先生は、そのことをご自身の著作で以下のように述べられています。

原文を一行一行辿り直す作業を繰り返すことによって、原著者の思考過程を追思惟することが、すなわち理論の組み立て過程を追体験することがようやく可能となるのである。

「理論」の理解で大切なのは、推論結果を要領よく把握することではなく、原著者と同じような推論過程を自分でも確実にできるようになることである。本書では、学史上重要な業績が取り扱われる場合、結論の手際よい要約よりは、結論の引き出される推論過程を一歩一歩再構成することにエネルギーが注がれている。

（厚東洋輔『〈社会的なもの〉の歴史―社会学の興亡１８４８－２０００』東京大学出版会、p678-679）

厚東先生からは、「結論の手際よい要約」や二次資料で「わかったつもり」になるな、と何度も教わりました。本書の元になったブログを20年続けることができたのは、本を読んで気に入った箇所をブログに抜き書きするプロセスを通じて、「原文を一行一行辿り直す作業を繰り返すことによって、原著者の思考過程を追思惟」してきたからだと思います。難しい概念や理論も、そのまま書き写すうちに、文体や思考の癖を追体験することが可能になります。そこから、自分の頭で理解し、その内容を自分の言葉に置き換える練習を、ブログでは続けてきました。残念ながら、僕は本書で取り上げた洋書は全て翻訳本に頼ってしまいました。でも、その著者の「結論の引き出される推論過程」を辿りながら、そこから自分の経験や考えと引きつけて言語化しようとしてきました。

そして、ブログを書くときや、一般書を書くときにお手本にさせて頂いたのは、この20年来一方的に師事し、２０２３年から実際に凱風館の門人として学ばせて頂いている内田樹先生です。内田先生も、先ほどの二人の師と共通したことを仰っておられます。

「自分はそれについてはよく知らない」と涼しく認める人は「自説に固執する」ということがない。他人の言うことをとりあえず黙って聴く。聴いて「得心がいったか」「腑に落ちたか」「気持ちが片付いたか」どうかを自分の内側をみつめて判断する。そのような身体反応を以てさしあたり理非の判断に変えることができる人を私は「知性的な人」だとみなすことにしている。その人においては知性が活発に機能しているように私には思われる。そのような人たちは単に新たな知識や情報を加算しているのではなく、自分の知的な枠組みそのものをそのつど作り替えているからである。知性とはそういう知の自己刷新のことを言うのだろうと私は思っている。

（内田樹編『日本の反知性主義』、晶文社、p21）

「結論の手際よい要約」の何が問題かと言えば、「単に新たな知識や情報を加算している」だけだからです。「得心がいったか」「腑に落ちたか」「気持ちが片付いたか」といった身体反応に照らすことなく、脳だけで情報処理をして、「わかったつもり」になれるからです。だからこそ、内田先生も、「自分はそれについてはよく知らない」と涼しく認めることの重要性を説いておられます。これは、弟子入り当初、「わかったふり」をしていた僕に大熊一夫師匠が「わからないことは『わからない』と正直に認める」重要性を説かれたこととも通底しています。

つまり、僕にとっての三人の師が共通して伝えてくださったことは、わからないことはわからないと正直に認めよ、「わかったふり」をせず自分の頭でギリギリと考え続けよ、という「教え」でした。大学院生の頃から四半世紀あまり、それを愚直に貫いて、モヤモヤ考え続けてきた末に、今回のブログ本の完成があるのだ、と改めて気づかせてもらうことができました。

そして、僕自身は文章を書きながら考え続けるなかで、「自分の知的な枠組みそのものをそのつど作り替えている」感触を抱いています。それが「正直さが知的離陸を可能にすること」という内田先生の箴言とつながっているのかどうか……。それは、読み手の皆さんのご判断にお任せします。

最後に、20年にわたって僕のブログの管理人を務めて下さっている、高校写真部の後輩、長末衛さんに心からの御礼を申し上げます。

2025年　松の内の中日に

竹端寛

【参考文献一覧】

第1章　能力主義のなにが問題なのか？

中村高康『暴走する能力主義——教育と現代社会の病理』ちくま新書、2018年
マイケル・サンデル『実力も運のうち——能力主義は正義か？』鬼澤忍訳、早川書房、2021年
桜井智恵子『教育は社会をどう変えたのか——個人化をもたらすリベラリズムの暴力』明石書店、2021年
勅使川原真衣『「能力」の生きづらさをほぐす』どく社、2022年

第2章　ケアについて考える

岡野八代『ケアの倫理——フェミニズムの政治思想』岩波新書、2024年
ジェイソン・ヒッケル『資本主義の次に来る世界』野中香方子訳、東洋経済新報社、2023年
大熊一夫『ルポ・精神病棟』朝日文庫、1981年
三好春樹『介護のススメ！——希望と創造の老人ケア入門』ちくまプリマー新書、2016年

第3章　家族がチームであること

針貝有佳『デンマーク人はなぜ4時に帰っても成果が出せるのか』PHPビジネス新書、2023年

木村泰子刊『お母さんを支える言葉』清流出版、2024年
中村佑子『わたしが誰かわからない——ヤングケアラーを探す旅』医学書院、2023年
池田賢市『学びの本質を解きほぐす』新泉社、2021年
磯野真穂『他者と生きる——リスク・病い・死をめぐる人類学』集英社新書、2022年
磯野真穂・宮野真生子『急に具合が悪くなる』(晶文社)、2019年

第4章 学校・制度・資本主義

ナンシー・フレイザー『資本主義は私たちをなぜ幸せにしないのか』江口泰子訳、ちくま新書、2023年
藤井渉『ソーシャルワーカーのための反『優生学講座』——「役立たず」の歴史に抗う福祉実践』現代書館、2022年
クリスティ・クルツ『学力工場の社会学——英国の新自由主義的教育改革による不平等の再生産』仲田康一監訳、明石書店、2020年
斎藤環・水谷緑『まんが やってみたくなるオープンダイアローグ』医学書院、2021年
森川すいめい『感じるオープンダイアローグ』講談社現代新書、2021年
エティエンヌ・ド・ラ・ボエシ『自発的隷従論』西谷修監修、山上浩嗣訳、ちくま学芸文庫、2013年
田野大輔『ファシズムの教室——なぜ集団は暴走するのか』大月書店、2020年

天畠大輔『しゃべれない生き方とは何か』生活書院、２０２２年

おわりに

厚東洋輔『〈社会的なもの〉の歴史――社会学の興亡１８４８－２０００』東京大学出版会、２０２０年
内田樹編『日本の反知性主義』晶文社、２０１５年

＊本書は、スルメブログ（https://surume.org/）の内容をもとに、タイトルを含め大幅加筆・改稿・再編集したものです。初出の日付は各記事末に記しました。

著者について◉ **竹端寛** たけばた・ひろし

1975年京都市生まれ。兵庫県立大学環境人間学部教授。専門は福祉社会学、社会福祉学。著書に『「当たり前」をひっくり返す——バザーリア・ニィリエ・フレイレが奏でた「革命」』『権利擁護が支援を変える——セルフアドボカシーから虐待防止まで』『家族は他人、じゃあどうする?——子育ては親の育ち直し』(いずれも現代書館)、『枠組み外しの旅——「個性化」が変える福祉社会』(青灯社)、『ケアしケアされ、生きていく』(ちくまプリマー新書)、共著に『手づくりのアジール』(晶文社)、『「これくらいできないと困るのはきみだよ」?』(東洋館出版社)などがある。

能力主義《のうりょくしゅぎ》をケアでほぐす

2025年2月25日 初版
2025年6月10日 2刷

著者 **竹端寛**

発行者 **株式会社晶文社**

〒101-0051
東京都千代田区神田神保町1-11
電話 03-3518-4940(代表)・4942(編集)
URL https://www.shobunsha.co.jp

印刷・製本 **中央精版印刷株式会社**

ISBN978-4-7949-7461-7 Printed in Japan